STAHLHART

SABINE FROSCHAUERs

Rezepte für Fettabbau

CIP-Titelaufnahme der deutschen Bibliothek:
Sabine Froschauer
Stahlhart – Rezepte für Fettabbau
5. Auflage Novagenics Verlag 2002

Inhalt

SABINE FROSCHAUER

Sabine Froschauer

Sabine Froschauer wurde am 3. August 1966 in Weissenburg, Bayern, geboren. Im Alter von 19 Jahren begann sie mit Bodybuilding und erzielte bereits 1988, nach nur zwei Jahren Training, ihren ersten sportlichen Erfolg. Nach dem Gewinn der IFBB Amateur Weltmeisterschaft 1993 nahm sie 1994 erstmals an der renommiertesten Profi-Bodybuilding Meisterschaft für Frauen teil, der »Miss Olympia«-Wahl. Ihren bisher größten sportlichen Erfolg erzielte Sie mit dem 7. Platz bei der »Miss International« 1996.

Seit 1985 ist sie verheiratet und betreibt heute erfolgreich ihren Sportshop »Froschis Fitness-Corner« in Fürth bei Nürnberg. Trotz der vielseitigen Verpflichtungen, die sich aus dem Betrieb der Firma und aus dem Bestreiten von Wettkämpfen ergeben, schreibt Sabine regelmäßig für ein deutsches Kraftsportmagazin. Darüber hinaus ist sie ein gefragter Gaststar für Auftritte bei Bodybuilding-Meisterschaften und in Fitness-Studios. Ihr umfangreiches Wissen über Ernährung und Posing vermittelt Sabine in verschiedenen Seminaren.

Kontaktadresse
Sabine Froschauer
Breslauer Str. 3
91785 Pleinfeld

Sportliche Erfolge

1988 Bayerische Meisterschaft im Bankdrücken, 1. Platz
1989 Oberland Newcomer Meisterschaft, 1. Platz und Gesamtsiegerin
1992 Oberbayerische Meisterschaft, 1. Platz und Gesamtsiegerin
1992 Internationaler Cup von Erlangen, 1. Platz und Gesamtsiegerin
1992 Bayerische Meisterschaft, 1. Platz und Gesamtsiegerin
1992 Deutsche Meisterschaft, 1. Platz
1993 IFBB Amateur Weltmeisterschaft, 1. Platz
1994 Miss Olympia, 14. Platz
1996 Miss International, bei der Schwarzenegger Classic, 7. Platz

»MAN KANN DIE FORM EINES MUSKELS
NICHT VERÄNDERN; NUR SEINE GRÖSSE.«

CRAIG TITUS

Der richtige Weg

Meine Rezepte sind für all jene bestimmt, die Fett abbauen wollen, ohne dabei kostbare Mager- bzw. Muskelmasse einzubüßen. Dabei ist es ganz unbedeutend, ob Sie nur einige Kilo verlieren möchten, oder ob Sie sich auf einen wichtigen Wettkampf vorbereiten, bei dem ein bestimmtes Gewicht oder ein hartes, definiertes Aussehen verlangt wird. Zuvorderst ist dieses Buch für alle Leute verfaßt, die auf dem Weg zu einem schlanken, muskulösen Körper nicht auf wohlschmeckende Mahlzeiten verzichten wollen. Meiner Meinung nach bedeutet »Diät« nicht automatisch hungern; vielmehr bedeutet es, bewußt zu essen.

Es ist durchaus denkbar, daß Sie mit den Hinweisen in diesem Buch Fett abbauen, Ihr Gewicht aber nicht abnimmt. Das liegt einfach daran, daß Sie durch Training und fettreduzierte Diät zwar Fett verlieren; doch bauen Sie gleichzeitig wertvolle Muskelmasse auf. Da Ihre Muskulatur um einiges schwerer ist als Fett (genauer gesagt, 1 Kilo Muskulatur hat *weniger Volumen* als 1 Kilo Fett), reduzieren Sie vielleicht nicht Ihr Gewicht, dafür aber Ihren Körperumfang. Also unterwerfen Sie sich nicht dem Diktat der Waage. Die gibt Ihnen nur Aufschluß über Ihr Gesamtgewicht, nicht aber über Ihren Körperfettanteil. Das Verhältnis von Fett zu Magermasse aber bestimmt Gesundheit, Leistungsfähigkeit und Erscheinungsbild des Menschen.

Die Ausgewogenheit zwischen Magermasse bzw. fettfreiem Körpergewebe und Körperfett hat weitreichenden Einfluß auf Ihr gesamtes Befinden. Mit mehr Muskulatur und weniger Fett fühlen Sie sich in allen Situationen wohler, sportlich fit und den Anforderungen des Lebens besser gewachsen.

Obwohl das vorliegende Buch eigentlich für Bodybuilder geschrieben wurde, können auch Nichtsportler entscheidend von den hier niedergelegten Informationen und Rezepten profitieren. Der Stoffwechsel folgt bei allen Menschen den gleichen Gesetzen und kann bei jedem mit den gleichen Methoden optimiert werden. Der eine möchte vielleicht seinen Körperfettgehalt reduzieren, weil er Gefahr läuft, aus seiner Garderobe herauszuwachsen; der andere, weil er sein allgemeines Wohlbefinden verbessern möchte; wieder andere, um sich auf eine Bodybuilding-Meisterschaft vorzubereiten.

Ganz gleich, welche Ziele Sie sich für Ihr zukünftiges Ernährungsprogramm gesetzt haben: Wichtig ist vor allem, nicht einfach radikal weniger zu essen, sondern dem eigenen Stoffwechsel *entsprechend viel* und *qualitativ hochwertig*. Denn auf eine Verringerung der Energiezufuhr reagiert Ihr Körper mit Hunger. Unternehmen Sie nichts gegen diesen Hunger, ist Ihr Organismus keineswegs gezwungen, auf seine Fettreserven zurückzugreifen. Nein, der Körper reagiert vielmehr mit einer rapiden Verlangsamung des Stoffwechsels. Er läuft quasi nur noch mit »halber Leistung«. Es gibt Personen, die durch diese Schutzfunktion des Organismus nach kurzer Zeit auch mit weniger als 1000kcal pro Tag nicht mehr abnehmen.

Ich erinnere mich da an einige Frauen in unserem Fitness-Studio, die mich nach einem Diätplan fragten. Als ich diese Frauen um ein Ernährungsprotokoll ihrer bisherigen Eßgewohnheiten bat, erhielt ich in fast allen Fällen die gleiche Antwort: »Ich esse doch den ganzen Tag fast nichts! Morgens vielleicht ein Brötchen mit etwas Butter und Salami, Mittags einen Sahnejoghurt...« Der Körper bekommt so nicht nur sehr, sehr wenig Energie, es ist überdies auch noch der letzte »Schrott« (so würde ich den vielleicht geläufigeren Ausdruck »Junk Food« übersetzen), den diese Frauen täglich verzehren. Wenn solch eine extreme Nahrungsenthaltsamkeit bei Frauen vielleicht häufiger anzutreffen ist, so heißt das nicht, daß Männer im allgemeinen ein effektiveres Diätprogramm verfolgen. Einfach weniger zu essen, aber auf das Bier am Abend nicht zu verzichten, das ist ebenfalls nicht der (Diät-) Weisheit letzter Schluß.

Wenn Sie auf Nahrung verzichten oder die Nahrungszufuhr drastisch verringern, fühlen Sie sich innerhalb kürzester Zeit unwohl und abgespannt. Ihr Körper läuft, wie bereits erwähnt, »auf Sparflamme«. Die Energievorräte in Leber und Muskeln sind schnell erschöpft; aufgrund der niedrigen Energiezufuhr kann auch nicht viel neues Glykogen eingelagert werden. Der Körper beginnt Magermasse (Muskelmasse, Wasser) abzubauen. Das Ergebnis: Sie fühlen sich nicht nur schwach, matt und leer, Sie werden es wirklich. Weil sie fettfreie Körpermasse verlieren, werden Sie effektiv sogar »fetter«!

Das Gewicht, das Sie bei einer Crash-Diät verlieren, besteht zum größten Teil aus den aufgezehrten Kohlenhydratvorräten und Wasser. Der Körper schützt seine Fettvorräte um so stärker, je eifriger Sie hungern, weil er sich diese Reserven für vermeintlich noch schlechtere Zeiten aufbewahren will.

Eines müssen Sie sich als erste Regel für eine erfolgreiche Diät merken: Je weniger Sie essen, desto stärker sinkt Ihre Stoffwechselrate und Ihr Energieumsatz. Je höher aber die Stoffwechselrate, desto mehr Energie wird umgesetzt, und desto mehr Fett wird verbrannt. Die Stoffwechselrate können Sie also nicht nur durch Training, sondern auch durch eine angemessen reichliche, aber fettarme Ernährung steigern.

Aus Kohlenhydraten, Protein und Fetten kann Ihr Körper Energie gewinnen. Dabei beachtet er aber folgende Reihenfolge: Kohlenhydrate vor Protein; Protein vor Fett. Komplexe Kohlenhydrate (enthalten z.B. in Nudeln, Reis oder Vollkornmehlen) sind für die kontrollierte Ernährung als erste Wahl anzusehen. Der Körper spaltet diese in Glukose, die sofort Energie liefern kann. Kohlenhydrate stellen also die am schnellsten verfügbare Energie für den Organismus bereit. Solange genug Kohlenhydrate vorhanden sind, wird Protein zu seinem eigentlichen Zweck, dem Aufbau von Körpergewebe (vor allem Muskelmasse) genutzt. Erst wenn Ihre Kohlenhydratvorräte (gespeichert als Glykogen in Muskeln und Leber) durch starke körperliche Beanspruchung oder Nahrungsverzicht erschöpft sind, bedient sich Ihr Körper in geringem Maße der Energie, die im Muskeleiweiß steckt.

Fett hingegen wird immer zuerst als Depotfett in den Fettzellen eingelagert, bevor es dem Energiestoffwechsel zufließen kann. Ich empfehle Ihnen als erste Regel: Kontrollieren Sie Ihren Fettverzehr. Je weniger Fett Sie verzehren, desto weniger kann vom Körper eingelagert werden. Überdies zwingen Sie so den Organismus, nach und nach seine Fettvorräte anzugreifen: In Ruhe und bei leichter Belastung greift der Körper anteilig auf Fett als Energielieferant zurück. Je höher nun Ihre Stoffwechselrate (durch korrekte Ernährung, Bewegung und Training), desto mehr Fett wird verbrannt. Zweite Regel: Fette verbrennen in der Flamme der Kohlenhydrate besonders effektiv. Bei hohem Verzehr an Kohlenhydraten können die Fettdepots am Körper am besten zur Energiegewinnung genutzt werden. Dritte Regel: Es ist nicht so wichtig, weniger zu essen, als vielmehr *das Richtige* zu essen. Folgendes Beispiel soll das verdeutlichen:

1000kcal = 850g Putenfleisch (8,4g Fett)
1000kcal = 200g Milchschokolade (59,8g Fett)

Was glauben Sie nun, nach dem Verzehr von welchem der beiden Lebensmittel werden Sie mehr Körperfett einlagern? Von den 200g Schokolade mit einem Fettgehalt von fast 60g und einer Unmenge Zucker oder den 850g Putenfleisch mit nur 8,4g Fett und keinem Gramm Zucker? Ich glaube, es wird klar, daß die Schokolade das schlechtere, weil fettreichere Lebensmittel ist.

Es ist also weniger die Menge der Kalorien, als vielmehr die *Art* der Kalorien, die Ihre Körperzusammensetzung (und Ihr Aussehen) bestimmt. So kann eine herkömmliche 1000kcal-Diät Sie effektiv fetter machen, als eine ausgewogene 2000kcal-Diät. Machen Sie sich nichts vor: Egal welche »Wunderdiät« Sie auch immer ausprobieren mögen, alle stellen einen mehr oder weniger unzureichenden Kompromiß dar. Keine ist frei von minderwertigen bzw. *fettreichen* Lebensmitteln. Angefangen von einem »Teelöffel Butter« am Morgen, einer »Messerspitze Fett« am Mittag bis hin zu zwei »mageren Speckscheiben« am Abend. Glauben Sie mir, darauf können Sie getrost verzichten.

Nicht alle Diätmahlzeiten, die hochwertige Kalorien liefern, müssen gleichzeitig »schlecht« schmecken. Wenn Sie meinen Ernährungsratschlägen folgen, treten Sie in eine neue Phase Ihrer Eßgewohnheiten ein, die Ihnen zu einem anderen Aussehen verhelfen wird. Wenn Sie nur ein wenig schlanker werden möchten: bitteschön, das kann schnell geschehen. Wenn Sie aber sehen möchten, was wirklich in Ihnen steckt, folgen Sie den in diesem Buch niedergelegten Anweisungen aufs Wort, und Sie werden wirklich »stahlhart«.

Kohlenhydrate

Haushaltszucker, auch Saccharose genannt, findet sich als Kohlenhydrat in Kuchen, gesüßten Limonaden und in vielen anderen Produkten. Der Verzehr mit Saccharose gesüßter Speisen und Getränke läßt den Blutzuckerspiegel rapide ansteigen, um ihn aber ebenso rasch wieder um so tiefer abzusenken. Die Verfügbarkeit von Energie (und das ist ausschlaggebend für die augenblickliche Leistungsfähigkeit) unterliegt so sprunghaften Schwankungen, ähnlich einer Berg- und Talfahrt. Saccharose liefert also nur kurzfristig Energie und verursacht große Energieschwankungen.

Alle Kohlenhydrate bestehen aus einfachen Zuckern, die in Ketten von unterschiedlicher Länge verbunden sind. Sie werden im Körper zu Traubenzucker (Glukose) abgebaut und können erst dann der Energiegewinnung dienen. Als Faustregel: Je kürzer die Zuckerkette, desto schneller werden Sie verstoffwechselt. Einfach- oder Zweifachzucker werden vom Körper rasend schnell abgebaut; Sie sollten weitestgehend auf sie verzichten.

Komplexe Kohlenhydrate hingegen bestehen aus langen Molekülketten, die vom Körper erst aufgebrochen werden müssen, ehe sie der Energiegewinnung dienen können. Sie versorgen den Körper daher länger und gleichmäßiger mit Energie. Nudeln, Reis oder Nahrungsmittel aus Vollkornmehlen sind Top-Lieferanten von komplexen Kohlenhydraten und sind ohne Einschränkung zu empfehlen. Komplexe Kohlenhydrate eignen sich allerdings nicht zum Süßen von Speisen. Doch hält die Natur hier eine Abhilfe parat: Fruchtzucker (Fructose), obwohl vom Aufbau her ein Einfachzucker, wird ebenso verstoffwechselt wie ein komplexes, langkettiges Kohlenhydrat und ist daher für eine kontrollierte Ernährung ebenfalls zu empfehlen.

Ich bezeichne Kohlenhydrate gern als »Muskelbenzin«. Von der Bereitstellung, Speicherung und Zufuhr der Kohlenhydrate hängt die Intensität, mit der wir uns sportlich betätigen, ab. Ganz egal, ob es sich dabei um Ausdauer-, Fitneß- oder Kraftsportler handelt. Die Energie, die jeder Athlet benötigt, kann aus Kohlenhydraten am schnellsten bereitgestellt werden.

Dabei sind die komplexen Kohlenhydrate (in Form von Mehrfachzuckern oder Vielfachzuckern) unbedingt vorzuziehen. Im Gegensatz zu den Einfachzuckern steigt bei dem Verzehr von Mehrfach- oder Vielfachzuckern der Blutzuckerspiegel langsam an und bleibt dann für längere Zeit konstant, ehe er langsam wieder abfällt.

Die Einfachzucker (mit Ausnahme der Fructose) werden völlig anders verstoffwechselt. Ihr Verzehr sorgt für einen Energieschub, der aber nur für kurze Zeit anhält. Das geschieht, indem der Blutzuckerspiegel rasch ansteigt. Ihr Körper, der aber stets bestrebt ist, den Blutzuckerspiegel auf *gleichbleibendem Niveau* zu halten, schüttet nun Insulin aus, das für die Entfernung des überschüssigen Blutzuckers und dessen Speicherung (als Körperfett!) sorgt.

Kein Wunder also, daß wir uns nach einer Mahlzeit, die vornehmlich aus Einfachzuckern besteht, oft schnell wieder schlapp und müde fühlen. Der Blutzuckerspiegel ist trotz der reichlichen Kalorienzufuhr schnell wieder auf dem Niveau, auf dem er sich vor der Mahlzeit befunden hat. Eine Mahlzeit, die vorwiegend komplexe Kohlenhydrate liefert, kann dagegen den Blutzuckerspiegel für längere Zeit (im günstigsten Fall für mehrere Stunden) anheben. Dabei wird nur wenig Insulin ausgeschüttet, da der Anstieg des Blutzuckerspiegels nur langsam vor sich geht.

Komplexe Kohlenhydrate liefern also nicht nur langfristig Energie, sie sorgen auch für eine niedrige Fettspeicherungsrate der zugeführten Kalorien. Die meisten Lieferanten von komplexen Kohlenhydraten weisen überdies eine relativ geringe Kaloriendichte auf, enthalten aber reichlich Ballaststoffe und überwiegend wenig Fett. So können Sie Vollkornmehle, Reis, Nudeln oder Früchte durchaus als »Muskelbenzin« ansehen; diese Nahrungsmittel liefern auch reichlich (stoffwechselanregendes) Nahrungs*volumen*. Fast alle Nahrungsmittel, die komplexe Kohlenhydrate enthalten, sind nicht nur selbst fettarm, sie stellen durch ihren mäßigenden

Kohlenhydrate

Art	**Vertreter**	**enthalten in**
Einfachzucker (Monosaccharide)	Traubenzucker (Glukose) Fruchtzucker (Fructose) Schleimzucker (Galaktose)	Honig, Obst Obstsäfte, Getränke, Süßwaren, Milch
Zweifachzucker (Disaccharide)	Rüben- o. Rohrzucker (Saccharose) Malzzucker (Maltose) Milchzucker (Lactose)	Haushaltszucker, Marmelade Süßigkeiten, Malzbier Milch
Mehrfachzucker (Oligosaccharide)	Zuckergemisch Dextrin	Sportler-Energiegetränke Toast, Knäckebrot, Zwieback
Vielfachzucker (Polysaccharide)	Stärke	Kartoffeln, Getreideflocken, Müsli, Brot, Nudeln, Reis, Bananen

Einfluß auf die Insulinausschüttung überdies eine sehr geringe Umwandlung der Nahrungskalorien in Depotfett sicher.

Protein

Eiweiß (Protein) ist einer der wichtigsten Faktoren in der Ernährung aller Sportler. Nur aus Eiweiß kann Muskelsubstanz aufgebaut werden. Nicht nur die Kraftleistung, auch Ausdauer, optimales Reaktionsvermögen und maximale Konzentrationsfähigkeit werden durch eine ausreichende Proteinzufuhr sichergestellt.

Mengenmäßig bilden die Proteine den größten Anteil an organischen Stoffen im menschlichen Körper. Proteine versorgen nicht nur Ihre Muskulatur mit Baumaterial, sondern auch die Haut, das Blut und die Knochen. Enzyme (jene Stoffe, die Stoffwechselvorgänge im Organismus einleiten oder beschleunigen) und Hormone könnten ohne Eiweiß nicht gebildet werden. Selbst die Funktion des Immunsystems und die zuverlässige Blutgerinnung hängen entscheidend von der Eiweißversorgung ab. Eine ausreichende Versorgung mit Protein ist also für jeden Sportler, gleich welcher Leistungsstufe, von höchster Bedeutung.

Protein setzt sich aus 22 Bausteinen zusammen, die als Aminosäuren bezeichnet werden. Acht dieser 22 Aminosäuren können vom menschlichen Organismus nicht selbst hergestellt werden, müssen also in Ihrer Nahrung enthalten sein. Daher werden diese acht Aminos als essentiell bezeichnet. Diese acht wichtigen Aminosäuren sind besonders reichlich in tierischem Protein enthalten. Milch, Milchprodukte, Fleisch und Fisch sind empfehlenswerte Quellen für hochwertiges Protein. Allerdings sind die meisten tierischen Eiweißspender auch sehr fetthaltig. Achten Sie deshalb darauf, nur fettarme tierische Erzeugnisse zu verzehren. Thunfischkonserven (in Wasser), Hähnchen- und Putenbrust, sowie entrahmte Milch (Milch mit 0,3% Fettanteil) sind wohl die beste Wahl, da sie viel gutes Protein liefern, aber nur wenig Fett. Von rotem Fleisch (Rinderfilet, Schweinelende) sollte grundsätzlich immer alles sichtbare Fett entfernt werden; selbst dann liefern diese Fleischsorten immer noch mehr Fett als mageres Geflügelfleisch. Daher sollten Sie im Rahmen Ihrer neuen Ernährung nur in Maßen genossen werden.

Rotes Fleisch enthält überdies viel Cholesterin und Harnsäure (Purine). Zuviel Cholesterin schadet Ihren Blutgefäßen, während die Harnsäure vom Körper abgebaut und ausgeschieden werden muß. Wer viel und hart trainiert, dessen Körper muß bereits mit der eigenen Harnsäure (als Abbauprodukt des Proteinstoffwechsels) fertig werden; eine zusätzliche Harnsäureaufnahme über die Nahrung und damit eine weitere Belastung der Nieren sollte so gering wie möglich gehalten werden. Bei dafür veranlagten Menschen kann eine erhöhte Harnsäurezufuhr zur Gicht führen, einer Krankheit, die Gelenkschmerzen durch Ablagerungen von Harnsäurekristallen verursacht.

Der tägliche Eiweißbedarf eines Sportlers, der Muskelsubstanz und Kraft aufbauen möchte, liegt nach den Empfehlungen der Sportmediziner bei 2–4 Gramm Protein pro Kilogramm Körpergewicht. Ein 80 kg schwerer Athlet benötigt also zwischen 160 und 320 Gramm Eiweiß pro Tag. Ich habe jedoch die Erfahrung gemacht, daß ein Maximum von 3g pro Kilogramm Körpergewicht in der Aufbauphase allemal ausreicht, wenn Sie überwiegend tierisches Protein verzehren. Gerade bei einer kalorien- und fettreduzierten Ernährung, wie sie in diesem Buch empfohlen wird, kommt der Eiweißzufuhr eine verstärkte Bedeutung zu: Der Bedarf an Protein steigt an.

Wenn Sie als trainierender Kraftsportler oder Bodybuilder Ihre Kalorienzufuhr begrenzen, sollten Sie daher unbedingt darauf achten, den Proteinanteil (in Gramm gemessen) nicht absinken zu lassen. Wenn Sie in der Aufbauphase 4000kcal täglich verzehrt haben, davon 1200kcal (300g) Protein, sollten Sie während der Diät (z.B. 2500kcal täglich) ebenfalls etwa 1000–1200kcal (250–300g) in Form von Eiweiß aufnehmen. Jetzt müssen Sie der Proteinqualität mehr Bedeutung zumessen. Besonders hochwertige, fettarme Proteinkonzentrate können helfen, dem verstärkten Eiweißbedarf des Körpers Rechung zu tragen und den Abbau von Muskelmasse weitestgehend zu verhindern. Aminosäuren aus Laktalbumin oder Eiklarprotein sowie gute fettarme Proteinpulver (Milch + Eiprotein, Eiklarprotein als Pulver) sparen Fettkalorien ein und liefern viel hochwertiges Eiweiß.

Fette und Öle

Der Körper benötigt nur eine geringe Menge an Fett (2–4 Gramm Linolsäure pro Tag). Linolsäure, eine mehrfach ungesättigte Fettsäure, ist für den Menschen essentiell; sie muß täglich mit der Nahrung zugeführt werden. Der Körper kann

10% der tägl. Kalorienmenge in Form von Fett in Gramm

bei 1500 Gesamtkalorien / 10% Fett = 150kcal : 9kcal = 16,66g Fett pro Tag

bei 2000 Gesamtkalorien / 10% Fett = 200kcal : 9kcal = 22,22g Fett pro Tag

bei 2500 Gesamtkalorien / 10% Fett = 250Kcal : 9Kcal = 27,77g Fett pro Tag

aus Linolsäure alle anderen Fettsäuren aufbauen. Auch bei einer Diät sollten Sie auf eine ausreichende Versorgung mit Linolsäure achten, denn sie ist für den Organismus genauso wichtig wie Vitamine und Mineralien.

Studien zufolge verzehren die Amerikaner im Durchschnitt 40% ihrer Nahrung in Form von Fett, gefolgt von der deutschen Bevölkerung mit 37%. Sie wissen schon, daß der menschliche Körper Nahrungsfett sofort in Depotfett umwandelt. Da Sie aber Fett verlieren möchten, empfehle ich Ihnen, Ihren Fettverzehr *so gering wie möglich* zu halten. So können Sie den Körper dazu zwingen, die vorhandenen Fettvorräte zur Energiegewinnung heranzuziehen. Zuviel Fett in der Nahrung kann Ihre Leistungsfähigkeit sogar direkt mindern, indem es den Kohlenhydratstoffwechsel behindert.

Ihr täglicher Fettverzehr sollte daher nicht mehr als 10% der Gesamtkalorienmenge betragen. Daß heißt also, wenn Sie täglich 1500kcal zu sich nehmen, dann sollten davon bestenfalls 150kcal aus Fett bestehen, wenn Sie 2500kcal verzehren, dann höchstens 250kcal in Form von Fett. Bedenken Sie, daß ein Gramm Fett mit 9kcal mehr als doppelt soviel Kalorien enthält wie Protein oder Kohlenhydrate. Bei einer täglichen Kalorienzufuhr von z.B. 1500kcal sollten also maximal 16–17g in Form von Fett vorhanden sein. Kohlenhydrate und Eiweiß dürfen Sie jedoch ausgiebig zu sich nehmen.

Meiden Sie den Verzehr von Fetten und Ölen, denn die Mehrzahl aller Nahrungsmittel beinhaltet ohnehin schon genügend »versteckte« Fette. Diese finden Sie vor allem in Wurst, Fleisch, Käse, Fisch, Milch, Milchprodukten, Nüssen und Schokolade. Eine Ausnahme gibt es: Fischfett enthält die für den Fettstoffwechsel günstigen Omega-3-Fettsäuren. Eine zu hohe Aufnahme von tierischen Fetten führt zur Entstehung

Verschiedene Fette und ihr Gehalt an Linolsäure (%)

Gesättigte Fette: Rindertalg (3,85%), Butter (1,8%), Schweineschmalz (8,6%), Hühnerfett (21,6%), Bratenfett (k.A.), Kokosfett (0,0%) und Palmöl (10,1%)

1-fach ungesättigte Fette: Erdnußöl (21,5%), Olivenöl (8,5%)

2-fach ungesättigte Fette: Sonnenblumenöl (62,6%), Distelöl (74,4%), Maiskeimöl (52,2%), Kürbiskernöl (51,3%), Sojaöl (54,2%)

3-fach ungesättigte Fette: Fischöle (sehr wenig Linolsäure, enthalten aber wertvolle Omega-3-Fettsäuren)

Die 2-fach ungesättigten Fette weisen den höchsten Gehalt an der essentiellen Linolsäure auf; sie sind für eine kontrollierte Ernährung zu empfehlen.

von Arteriosklerose (krankhafte Veränderung der Blutgefäße). Arteriosklerose kann im schlimmsten Falle einen Herzinfarkt oder Schlaganfall verursachen. Tierische Fette enthalten große Mengen Cholesterin, welche die Entstehung von Arteriosklerose begünstigen, und sollten daher gemieden werden. Maximal 300mg Cholesterin pro Tag sind genug; das entspricht einem Hühnereigelb pro Tag. Eines haben übrigens alle Fette gemeinsam: Egal ob gesättigte, 1-fach ungesättigte, 2-fach ungesättigte oder 3-fach ungesättigte Fette, alle weisen den gleichen hohen Kaloriengehalt auf.

Die 2-fach ungesättigten Fette weisen den höchsten Gehalt an der essentiellen Linolsäure auf und sind im Rahmen einer kontrollierten Ernährung zu empfehlen. Um Mangelzuständen vorzubeugen, sollten Sie pro Tag einen Teelöffel Distel- oder Sonnenblumenöl verzehren (gut als Salatdressing, oder in einem Milchshake). So erhalten Sie etwa 1,5–2 Gramm Linolsäure pro Tag für den Preis von rund 40 Kalorien (ein Teelöffel Öl entspricht etwa 4–5 Gramm). Da Linolsäure in Spuren auch in anderen Nahrungsmitteln enthalten ist, sollten Sie auf diese Weise auch bei einer streng fettreduzierten Diät keinen Mangel an Linolsäure entwikkeln.

Diese 4–5 Gramm sollten Sie aber in den täglichen Fettverzehr einrechnen: Wenn Sie 1500kcal täglich verzehren, dann entsprechen 10% (150kcal) davon aufgerundet 17 Gramm Fett. Abzüglich 4 Gramm Distelöl pro Teelöffel bleiben 13 Gramm Fett übrig, die Sie mit anderen Mahlzeiten aufnehmen dürfen.

Geben Sie auch bei anderen Mahlzeiten pflanzlichen Fetten (einfach und zweifach ungesättigten) den Vorzug. Gewöhnen Sie sich an, jedes Gericht oder Snack auf seinen Fettgehalt zu kontrollieren. Vergessen Sie dabei nicht: Jedes Gramm Fett, das Sie verzehren, vergrößert zunächst Ihre Fettdepots am Körper.

Die Herstellung verschiedenster Speisen ist auch ohne Fett möglich. Dazu benötigt man lediglich etwas Phantasie und Fingerfertigkeit beim Kochen, sowie das richtige Kochgeschirr aus rostfreiem Edelstahl oder Teflon.

Salz

Salz begünstigt Wasseransammlungen im Körper und fördert auf diese Weise Übergewicht. Gewöhnlich befindet sich ausreichend Salz (als Natrium) in den Lebensmitteln, die wir zu uns nehmen. Jeder Mensch benötigt etwa 2 bis 3 Gramm Natriumchlorid (Speisesalz) täglich. Diese Menge wird oft bereits schon über Nahrungsmittel zugeführt, so daß der Salzstreuer eigentlich von Ihrem Tisch verschwinden kann.

Übermäßiger Salzkonsum beeinträchtigt die Nieren und fördert die Entstehung von Bluthochdruck. Wenn Sie sich auf einen Bodybuilding-Wettkampf vorbereiten, dann sollten Sie

Salz in Lebensmitteln als Natrium (Na) und Chlorid (Cl)

100g Gouda (45% Fett i.Tr.) 0,86g Na / k.A.
100g Harzer (10% Fett i.Tr.) 1,52g Na / 2,1g Cl
100g Speisequark (Magerstufe) 0,04g Na / k.A.
100g Hühner(voll)ei 0,14g Na / 0,18g Cl
100g Schweineschnitzel 0,07g Na / k.A.
100g Mettwurst (Braunschweiger) 1,09g Na / k.A.
100g Möhren 0,06g Na / 0,06 Cl

Verarbeitete Lebensmittel wie Wurst, Käse oder Konserven weisen in der Regel ein Vielfaches des Salzgehaltes von unbehandelten Lebensmitteln auf.

in den letzten Wochen vor Ihrem Auftritt nicht nur auf den Salzstreuer verzichten, sondern auch dem Natrium in Ihren Mahlzeiten Beachtung schenken. Je weniger Natrium Sie aufnehmen, desto weniger Wasser speichern Sie unter der Haut. Schon nach einer kurzen Zeit strikten Salzverzichts treten Ihre Muskeln noch deutlicher hervor.

Ansonsten genügt es vollkommen, wenn Sie auf verarbeitete Lebensmittel weitgehend verzichten und zum Würzen Diätsalz einsetzen. Denn Natrium und Chlorid sind schließlich wichtige Mineralien. Ohne diese würden Sie nicht lange überleben und bei einem Mangel daran sind sportliche Höchstleistungen nicht zu erwarten. Wenn Sie bei extremer körperlicher Beanspruchung oder durch heißes Klima viel Schweiß verloren haben, sollten Sie Ihren Salzverzehr zum Ausgleich kurzfristig etwas erhöhen (wenige Gramm Salz mehr pro Tag für die Dauer der Extrembelastung sind dann genug).

Empfehlenswerte Nahrungsmittel

Nachfolgend sind aus den verschiedenen Nahrungsmittelgruppen (Kohlenhydrate, Protein, Fett und Getränke) die besten Lebensmittel für Ihre Diät aufgeführt.

Kohlenhydrate

Brot: Pumpernickel, Weizentoastbrot, Vollkorn- und Müslisemmeln, Knäckebrot, Roggen- und Weizenbrot, Roggen- und Weizenmischbrot, Roggen- und Weizenvollkornbrot. Verzichten Sie auf Brezeln, Weißbrot, Semmeln oder Weißmehlbrötchen.

Nährmittel: Müsli ohne Zuckerzusatz, Haferflocken, Roggenflocken, Gerstenflocken, Reisflocken, Hirseflocken, Maismehl, Grieß, Kartoffelstärke, Buchweizenmehl. Verzichten Sie auf Fertigmüsli mit Zuckerzusatz und hohem Fettanteil.

Backwaren: Siehe Backwaren im Rezeptteil dieses Buches. Verzichten Sie auf *alle* kommerziellen Backwaren und Kuchen, sowie Süßspeisen, die mit Haushaltszucker, Butter oder Margarine, bzw. Weißmehl hergestellt worden sind.

Gemüse: Karotten, Blumenkohl, andere Kohlarten, Erbsen, Spinat, Konserven und Tiefkühlkost (nur wenn ohne Zusatz von Zucker, Salz oder Fett hergestellt). Verzichten Sie auf Gemüsekonserven und Tiefkühlgemüse mit Fett- bzw. Sahnezusatz, Zucker und Salz.

Salate: Grüner Salat, Karottensalat, Tomatensalat, Salat aus rotem und grünem Paprika, Radieschen, Rettich, Sellerie, Gurkensalat, Chicorée. Verzichten Sie auf Fertigsalate mit Mayonnaise oder anderen Fertigdressings.

Obst: Erdbeeren, Grapefruit, Ananas, saure Äpfel, Orangen, Mandarinen, Aprikosen, Wassermelonen, Papayas, Bananen, Obstkonserven ohne Zuckerzusatz. Auch Trockenfrüchte wie

Datteln, Äpfel, Pflaumen und Rosinen (nur ungeschwefelte Ware verwenden) sind zu empfehlen. Verzichten Sie dagegen auf gezuckerte Obstkonserven.

Kartoffeln: Gebacken, püriert oder gekocht (ohne Salz- und Fettzusatz). Verzichten Sie auf Bratkartoffeln, Pommes Frites, Kartoffelsalat, Butterkartoffeln.

Sonstiges: Honig, Marmelade mit Fruchtzucker oder Süßstoff (Natreen, Schneekoppe, Flarom). Verzichten Sie auf Speiseeis, Nüsse, Süßigkeiten, Knabberartikel, Gebäck (Plätzchen, Kekse, Lebkuchen usw.) Fertigsuppen und -saucen.

Protein

Milchprodukte: Magermilch 0,3% Fett, Magerquark ohne Geschmack, Diätfruchtjoghurt 0,3% Fett, Diätfruchtquark 0,2% Fett (Exquisa, Du darfst, Paladin), Frischkäse (Buko Buttermilch, Du darfst), Buttermilch, Diätmilchreis (Müller), Kefir, *kleine* Mengen von verschiedenen Käsesorten bis 30% Fett in Trockenmasse (da neben hohem Fettgehalt auch sehr viel Salz enthalten ist). Verzichten Sie auf Sahne, Sauerrahm, Butter, Käsesorten ab 30% Fett in Trockenmasse, Vollmilch, Sahnequark, Quark mit 20% und mehr Fett, Sahnejoghurt, Fruchtquark und Fruchtjoghurt höher als Halbfettstufe.

Eier: Eiklar (das »Weiße« vom Ei). So wenig wie möglich Eigelb bzw. Vollei verwenden (das Eigelb besteht zu 80% aus Fett).

Fleisch: Nur magere Sorten, an denen alles sichtbare Fett vor der Zubereitung entfernt worden ist. Vom Rind sind Lende, Steak oder Tartar zu empfehlen, vom Kalb nur Schulter oder Filet. Vom Pferd sind die Schulterstücke zu empfehlen; vom Schwein nur die Lende. Verzichten Sie auf fettes und durchwachsenes Schweinefleisch, besonders Bauchfleisch, Haxen, Gulaschfleisch, sowie Braten mit viel Fett.

Geflügel: Putenbrustfilet, Hähnchenschnitzel, Hähnchenbrust (ohne Haut und Knochen). Verzichten Sie auf Gans, Ente, Grillhähnchen mit Haut.

Fisch: Kabeljau, Schellfisch, Rotbarsch, Seelachs, Hecht, Forelle, Scholle, Seezunge, Hai, Krebse, Krabben, Hummer, Langusten, Muscheln, Shrimps (alles ohne Salzzusatz), Thunfisch (aus der Dose: nur die in Wasser eingelegten Sorten). Verzichten Sie auf Karpfen, Aal, Hering, Makrele, Sardinen und Fischdauerwaren (Räucherfisch, Dosenfisch).

Wurstwaren: Putenbrust mit Paprikahaut, Lachsschinken, Kochschinken ohne Fettrand, Corned Beef, Rinderschinken, kalter Braten (für alle diese Wurstwaren gilt: nur sehr magere Sorten wählen und sparsam verwenden, da neben immer noch hohem Fettgehalt auch viel Salz enthalten ist). Verzichten Sie auf *alle* anderen Wurstwaren.

Fette und Öle

Margarine bis Halbfettstufe (sparsam verwenden; am besten versuchen, ganz auf Margarine als Brotaufstrich zu verzichten), Mittelkettige Triglyzeride (MCT-Öl, als »Neutralöl« sehr günstig in der Apotheke zu erwerben, oder im Versandhandel für Sportlernahrung; MCTs sind mittelkettige Fettsäuren, die vom Körper wie Kohlenhydrate verstoffwechselt werden.

Allerdings verträgt der Körper pro Tag nur wenige Eßlöffel von dieser Substanz, und MCTs weisen die gleiche hohe Kaloriendichte wie alle Fette auf; nämlich 9kcal. Gut geeignet zum Anmachen von Salaten oder als Zusatz in Milchshakes. MCTs dürfen nicht erhitzt werden!) Alle sonstigen ungesättigten Fette oder Öle nur in sehr geringen Mengen verwenden; *am besten ganz darauf verzichten*. Verzichten Sie auch auf normale Margarine, Butter, Sahne und alle sonstigen gesättigten Fette oder Öle.

Getränke

Pro Tag sollten mindestens 2–3 Liter Flüssigkeit zugeführt werden. Zu empfehlen sind alle Sorten Mineralwasser, Cola-Light, Fanta-Light, Sprite-Light, Kaffee und Tee (mit Süßstoff gesüßt), ungesüßter Hafertee (wirkt stoffwechselanregend und harntreibend), kalorienreduziertes oder alkoholfreies Bier und Diätfruchtsäfte (nur bedingt zu empfehlen, da hoher Kaloriengehalt). Verzichten Sie auf Limonaden, Bier, Schnaps, Wein, Sekt, Cola, Fanta, Sprite, Kaffee und Tee mit Zucker, sowie zuckerhaltige Fruchtsäfte jeglicher Art.

15 goldene Regeln für eine erfolgreiche Diät

1. Stellen Sie sich geistig auf die bevorstehende Ernährungsumstellung ein, denn nur wenn Sie vom Verstand her gewillt sind abzunehmen bzw. Ihre Ernährung zu ändern, werden Sie erfolgreich sein. Setzen Sie sich kleine und erreichbare Ziele.

2. Führen Sie ein genaues und korrektes Ernährungstagebuch. Schwindeln Sie dabei nicht, denn das macht Sie auch nicht schlanker.

3. Gehen Sie nie hungrig zum Einkaufen. Kaufen Sie vor Beginn Ihrer Diät alle Lebensmittel, die Sie laut Plan benötigen. Kaufen Sie keine Lebensmittel, die nicht auf Ihrem Plan stehen. Verbannen Sie alle nicht benötigten Lebensmittel aus Ihrer Küche.

4. Essen Sie regelmäßig, mehrmals am Tag (am besten 5–6 kleine Mahlzeiten über den Tag verteilt). So können Sie verhindern, daß sich Heißhunger einstellt und Sie mehr essen, als nötig. Lassen Sie auch keine Mahlzeit aus.

5. Essen Sie langsam, denn das Gefühl der Sättigung tritt erst ca. 20 Minuten nach Beginn der Mahlzeit ein. Sollten Sie also schnell essen, dann kann es gut sein, daß Sie bis zu diesem Zeitpunkt schon mehr gegessen haben, als nötig war, um den Hunger zu stillen.

6. Trinken Sie mindestens 2–3 Liter Flüssigkeit täglich (Cola-light, Fanta-light, Sprite-light, Wasser, Tee, Kaffee usw.). So werden nicht nur Stoffwechselprodukte schneller ausgeschieden, sondern die Flüssigkeit vermittelt Ihnen zudem auch noch ein sättigendes Gefühl. Trinken Sie auch zu Ihren Mahlzeiten. Das füllt den Magen zusätzlich.

7. Schaffen Sie sich eine Küchenwaage an und *wiegen Sie alle Ihre Lebensmittel genau ab!*

8. Meiden Sie Salz (auch wenn Sie Reis oder Nudeln kochen) und Fett jeglicher Art. Salzen Sie niemals nach. *Verwenden Sie kein Fett zum Braten*, sondern benutzen Sie eine antihaftbeschichtete Pfanne.

9. Bewegen Sie sich so viel wie möglich (Aerobic, Radfahren, Laufen, Fitnesstraining usw.).

10. Versuchen Sie, Ihre Familie für eine Ernährungsumstellung zu begeistern, denn in der Gruppe geht vieles leichter.

11. Um Ihren täglichen Vitaminbedarf zu decken, empfehle ich Ihnen die Einnahme eines guten Vitaminpräparates, das an Vitaminen und Mineralstoffen hoch dosiert sein sollte. Lassen Sie sich diesbezüglich in der Apotheke oder in Ihrem Fitness-Studio beraten.

12. Würzen Sie stets reichlich; auch Süßstoff, Zimt und Zitronensaft sollten Sie ausgiebig verwenden. So werden Sie das Fett kaum vermissen.

13. Meiden Sie Fertiggerichte, Dosenprodukte und Nahrungsmittel, die bereits Fett, Zucker und Salz enthalten.

14. Ich verwende bei meinen Rezepten sehr viel Eiklar. Darum wäre es ratsam, wenn Sie sich Eiklar aus dem Tetrapack kaufen würden. Hierbei handelt es sich um Packungen zu 1 Liter Eiklar (das entspricht dem Eiklar aus etwa 30 Eiern). Beziehen können Sie dies in einem Metro-Großmarkt oder in einem Bäcker- und Konditor-Großmarkt.

15. Nicht alle Süßstoffe sind als schädlich einzustufen. Jene, die auf natürliche Art hergestellt wurden, etwa aus Eiweißbausteinen, können Sie bedenkenlos verwenden. Hierzu zählen alle Süßstoffe, deren aktiver Bestandteil Nutrasweet oder Aspartam ist, z.B. Candarel-Streusüße, Candarel-Süßstofftabletten usw. Diese Süßstoffe sind allerdings nicht zum Backen oder Kochen geeignet, da sie beim Erhitzen ihre Süßkraft verlieren. Zu diesem Zweck sollten Sie besser Fruchtzucker verwenden.

Wie Sie Ihre Diät planen

Setzen Sie sich erreichbare Ziele. Wenn Sie bisher eine Aufbau-Diät mit 4000kcal pro Tag verfolgt haben, sollten Sie nicht sofort auf 2000kcal heruntergehen. Senken Sie die Kalorienzufuhr besser erst um etwa 500kcal. Wenn Sie mit 3500kcal nicht weiter abnehmen (täglich morgens wiegen!), reduzieren Sie wiederum um 500kcal auf 3000. Wenn Sie nun ein Plateau erreichen, gehen Sie auf 2500kcal herunter. Diese Menge würde ich für hart trainierende Bodybuilder als »Schallmauer« ansehen; ab hier wird es ernst. Jetzt wird sich die Diät in merklichen Fettverlusten äußern, vorausgesetzt, Sie trainieren regelmäßig und betreiben, je nach Stoffwechsel, auch regelmäßig aerobe Übungen. Für Frauen liegt diese »Schallmauer« bei etwa 1500kcal pro Tag.

Männliche Bodybuilder sollten ihre Kalorienzufuhr nicht unter 2000kcal pro Tag absenken; in Ausnahmefällen kann kurzfristig vielleicht auf 1500kcal herunter gegangen werden. Weibliche Bodybuilder sollten nicht unter 1200kcal pro Tag gehen, nur in Ausnahmefällen kurzfristig auf 1000kcal. Unterhalb dieser Grenzen verlieren Sie zuviel Muskelmasse und für das Training bleibt nicht genug Energie.

Am besten nehmen Sie sich Zeit. Planen Sie die Diät für einen Wettkampf rechtzeitig im Voraus und kalkulieren Sie 2 Wochen »Reserve« ein. Sie sollten versuchen, 7-10 Tage vor dem Wettkampf in Idealform zu kommen. So haben Sie noch ausreichend Zeit, kleinere Abweichungen zu korrigieren.

Jetzt sind Sie mit den theoretischen Grundlagen meiner Ernährung vertraut. Im folgenden Rezeptteil werden diese Empfehlungen praktisch umgesetzt. Viel Erfolg bei Ihrer Diät!

Abkürzungen und Erläuterungen

kcal	= Kilokalorien	g	= Gramm
TL	= Teelöffel	mg	= Milligramm
EL	= Eßlöffel	Min.	= Minuten
TK	= Tiefkühlkost	ml	= Milliliter
geh.	= gehäuft(er)	l	= Liter

MUF = mehrfach ungesättigte Fettsäuren
— = (in Zutatenliste): Kaloriendichte verschwindend gering, aber nicht »null«.

Entrahmte Milch: Milch mit 0,3% Fettanteil.
Holzstäbchenprobe: Um zu prüfen, ob Gebäck nach Ablauf der Garzeit wirklich fertig ist, sticht man mit einem Holzstäbchen (z.B. Schaschlikstäbchen) hinein. Wenn keine Teigreste daran hängen bleiben, ist das Gebäck gar.
Leicht einfetten: Einige Tropfen Oliven- oder Sesamöl in ein Küchentuch (z.B. Zewa Wisch + Weg) geben und die Pfanne oder Backform damit auswischen.
Antihaftbeschichtet: Eine mit Teflon beschichtete Pfanne oder Backform ermöglicht Braten und Backen ohne Fett.

Bei den nachfolgenden Rezepten können die Werte für die Gesamtkalorien in Zutatenliste und Analyse wegen Rundungsdifferenzen verschieden ausfallen. In der Zutatenliste werden Mengenangaben wegen einfacherer Handhabung zusätzlich in Klammern angeführt (z.B. 100g / 3 Eiklar). Die Kalorienangaben gelten immer für die Menge in Gramm.

»JEDER SUCHT NACH EINEM GEHEIMNIS
BEI TRAINING ODER ERNÄHRUNG. DAS EINZIGE
GEHEIMNIS IST DIE REGELMÄSSIGKEIT.«

LEE LABRADA

REZEPTE I

FISCH + GEFLÜGEL

»KRAFTTRAINING UNTERSTÜTZT WÄHREND EINER DIÄT DEN ERHALT VON MUSKELMASSE SEHR VIEL EFFEKTIVER ALS JEDE ART VON AEROBEM TRAINING.«

E. JORDAN

Putenburger mit Pommes Frites

Rezept von Andy Münzer

		KALORIEN (KCAL) gesamt	100g
200 g	Putenbrustfilet	210	105
100 g	Eiklar (3 Stück)	49	49
50 g	Hirseflocken (Reformhaus)	166	333
25 g	Zwiebeln	8	32
	Petersilie nach Geschmack	–	28
	Diätsalz (z.B. Vital-D, Reformhaus)	0	0
	Pfeffer nach Geschmack	–	279
	Paprikapulver nach Geschmack	–	320
	Majoran nach Geschmack	–	285
200 g	Kartoffeln	140	70

Die Putenbrust mit einem Fleischwolf zu Hackfleisch verarbeiten und mit der fein gehackten Zwiebel und der Petersilie vermengen. Das Fleisch mit den restlichen Zutaten in einer Schüssel gut mischen und aus der fertigen Masse Frikadellen formen. Die fertigen »Burger« am besten in einer beschichteten Pfanne ohne Fett braten. Die Frikadellen nach Belieben in Vollkornbrötchen mit Salat, Diätketchup (im Reformhaus erhältlich, z.B. von Neuform) und mageren Käsescheiben servieren.
Zubereitung der Pommes Frites: Festkochende Kartoffeln gut waschen und samt Schale in Streifen schneiden. Im Ofen auf Backpapier 20–30 Min. bei 250 Grad goldbraun backen.

Analyse	Gesamt	100g		Gesamt	100g
Energie (kcal)	573,0	99,7	davon MUF (g)	1,4	0,3
Eiweiß (g)	69,5	12,1	Ballaststoffe (g)	2,2	0,7
Kohlenhydrate (g)	69,9	12,2	Natrium (mg)	297,5	51,8
Fett (g)	4,3	0,8	Kalium (mg)	1872,0	325,6

Pute süßsauer

		KALORIEN (KCAL) gesamt	100g
500 g	Putenbrust, geschnetzelt	596	119
200 g	Bambussprossen (1/2 Konservendose)	42	21
	Süßstoff (3/4 TL, z.B. Natreen)	0	0
16 g	Sojasoße (2 EL)	13	75
16 g	Sherry (2 EL)	21	127
20 g	Maisstärke (2 TL, Mondamin)	76	375
150 ml	Wasser	0	0
	Chili-Soße (1 TL)	–	–
200 g	Reis	700	350

Den Reis kochen. In der Zwischenzeit die Putenbrust mit den Bambussprossen in einer beschichteten Pfanne andünsten. Anschließend die restlichen Zutaten gut vermischen und bei kleiner Hitze erwärmen, bis die Soße leicht andickt. Putenbrust und Bambussprossen in die Soße geben und vermengen; mit Reis servieren. Je nach Geschmack können zu Putenbrust und Bambussprossen auch Karotten, Wasserkastanien, Baumpilze oder Champignons gegeben werden.

Analyse	**Gesamt**	**100g**		**Gesamt**	**100g**
Energie (kcal)	1452,2	131,8	davon MUF (g)	3,1	0,3
Eiweiß (g)	140,7	12,5	Ballaststoffe (g)	10,6	1,2
Kohlenhydrate (g)	167,8	15,2	Natrium (mg)	753,7	64,2
Fett (g)	9,4	0,8	Kalium (mg)	2476,1	224,7

Putenfleisch in Curry-Champignon-Sauce

		Kalorien (kcal) gesamt	100g
200 g	Puten- oder Hühnerbrustfilet	238	119
10 g	Sonnenblumenöl (1 EL)	93	930
	Currypulver (1/2 TL)	–	321
100 g	geschnittene Champignons (Konserve)	12	12
62,5 ml	trockener Weißwein (1/16 l)	41	65
20 g	saure Sahne, 10% Fett (1 EL)	24	121
	Salz nach Geschmack	0	0

Fleisch in dünne Streifen schneiden. Geflügelfiletstreifen in einer antihaftbeschichteten Pfanne rasch anbraten. Currypulver und Champignons dazugeben und gut durchrösten. Wein zugießen, salzen und weich dünsten. In die fertige Speise saure Sahne einrühren.

Analyse	**Gesamt**	**100g**		**Gesamt**	**100g**
Energie (kcal)	408,9	104,0	davon MUF (g)	6,2	1,6
Eiweiß (g)	50,5	12,8	Ballaststoffe (g)	1,4	0,4
Kohlenhydrate (g)	2,0	0,5	Natrium (mg)	350,9	89,3
Fett (g)	14,1	3,6	Kalium (mg)	924,4	235,2

Putenfleisch mit Banane

		KALORIEN (KCAL)	
		gesamt	100g
160 g	Putenbrustfilet	191	119
	Pfeffer nach Geschmack	–	279
	Salz nach Geschmack	0	0
5 g	Weizenmehl (Typ 1050)	18	356
5 g	Halbfett-Margarine (1 TL)	19	378
120 ml	entrahmte Milch (8 EL)	44	37
75 g	frische Banane, geschält	66	88
	Currypulver (1/2 TL)	–	321
	Zitronensaft nach Geschmack	–	36
	Salz nach Geschmack	0	0

Fleisch würzen und beidseitig 8–10 Min. anbraten, anschließend warm halten. In einer Kasserolle Mehl und Currypulver in zerlassener Margarine anrösten, entrahmte Milch dazugießen, alles gut verrühren und kurz aufkochen lassen. Mit Zitronensaft und Salz würzen, Bananenscheiben dazugeben und zum Fleisch servieren.

Analyse	**Gesamt**	**100g**		**Gesamt**	**100g**
Energie (kcal)	337,1	92,3	davon MUF (g)	1,4	0,4
Eiweiß (g)	44,2	12,1	Ballaststoffe (g)	2,8	0,8
Kohlenhydrate (g)	23,5	6,4	Natrium (mg)	154,4	42,3
Fett (g)	3,9	1,1	Kalium (mg)	955,5	261,8

Puten-Lasagne

		KALORIEN (KCAL) gesamt	100g
200 g	Putenhackfleisch	238	119
100 g	Champignon geschnitten (Konserve)	12	12
100 g	Zwiebeln	32	32
120 ml	Wasser	0	0
200 g	passierte Tomate (Konserve ohne Salz)	24	12
50 g	entrahmter Joghurt	21	42
100 g	gekochte Lasagne-Nudeln	358	358
50 g	geriebener Edamer	139	278
20 g	Parmesan (1 TL)	76	383
	Bouillonwürfel (1 Stück)	16	148

Zwiebeln hacken und mit Champignons in 20 ml Wasser kurz andünsten; aus der Pfanne nehmen. Anschließend Putenfleisch in der Pfanne gut anbraten. In der Zwischenzeit die 100 ml Wasser, Tomatenpüree, Joghurt und Parmesan in einem kleinen Topf zum Köcheln bringen. Von der Herdplatte nehmen und mit Salz, Pfeffer, Oregano, Pizzagewürz und Diät-Hackfleisch-Gewürz (z.B. Ostmann) abschmecken. Putenfleisch mit Zwiebeln und Champignons mischen. Eine Auflaufform dünn mit Fett bestreichen und den Boden mit einer dünnen Schicht Fleischmischung bedecken. Mit Tomatensoße auffüllen und mit einer Schicht Nudeln abschließen. Das Ganze wiederholen (Fleisch, Tomatensoße, Nudeln). Auf der zweiten Schicht Nudeln geriebenen Edamer verteilen und die Auflaufform in den mit 200 Grad vorgeheizten Backofen schieben. Backzeit 30–40 Min. Kurz vor dem Servieren mit 1 TL Parmesan bestreuen.

Analyse	**Gesamt**	**100g**		**Gesamt**	**100g**
Energie (kcal)	917,8	106,6	davon MUF (g)	2,1	0,2
Eiweiß (g)	90,4	10,5	Ballaststoffe (g)	10,0	1,2
Kohlenhydrate (g)	87,0	10,1	Natrium (mg)	2674,4	310,4
Fett (g)	17,5	2,0	Kalium (mg)	1688,4	196,1

Putenschinken-Nudeln

		KALORIEN (KCAL) gesamt	100g
150 g	Hartweizen-Bandnudeln	537	358
300 g	gegrillte Putenwurst mit Paprikahaut	399	133
160 g	Eiklar (5 Stück)	79	49
55 g	Vollei (1 Stück)	93	168
100 g	Diätketchup, natriumarm (Neuform)	99	99
	Diätsalz (z.B. Vital-D, Reformhaus)	0	0
	Pfeffer nach Geschmack	–	279

Nudeln nach Anleitung kochen. In der Zwischenzeit Putenwurst in Streifen schneiden, und in einer beschichteten Pfanne anbraten. Anschließend Nudeln, Eiklar und Vollei dazugeben und alles bei mittlerer Hitze leicht stocken lassen. Ketchup nach Belieben kurz vor dem Verzehr hinzufügen.

Analyse	**Gesamt**	**100g**		**Gesamt**	**100g**
Energie (kcal)	1206,9	157,7	davon MUF (g)	2,6	0,3
Eiweiß (g)	123,8	16,2	Ballaststoffe (g)	4,4	0,6
Kohlenhydrate (g)	131,1	17,1	Natrium (mg)	1081,0	141,3
Fett (g)	11,8	1,5	Kalium (mg)	1385,0	181,0

Reispilaw mit Putenhack

		KALORIEN (KCAL) gesamt	100g
25 g	fein gehackte Zwiebel	8	31
300 ml	Wasser	0	0
1 g	Knoblauchzehe (1 Stück)	1	125
300 ml	salzarme Hühnerbouillon	119	39
150 g	Naturreis	534	356
200 g	Putenhackfleisch	238	119
	getrockneter Salbei (1/2 TL)	–	338
	fein gehackte Petersilie (2 EL)	–	28

Reis kochen. Zwiebeln in einer beschichteten Pfanne mit 1 TL Wasser glasig werden lassen. Das restliche Wasser, Knoblauch, Bouillonwürfel, Putenhack (durch den Fleischwolf gedrehtes Putenfilet) und Salbei dazugeben und zum Kochen bringen. Dann den Reis unterrühren und auf kleiner Flamme in der geschlossenen Pfanne etwa 5 Min. köcheln lassen, bis sämtliche Flüssigkeit aufgesogen ist. Die Petersilie dazugeben und sofort servieren.

Analyse	**Gesamt**	**100g**		**Gesamt**	**100g**
Energie (kcal)	900,6	92,6	davon MUF (g)	3,1	0,3
Eiweiß (g)	68,6	7,0	Ballaststoffe (g)	7,7	0,8
Kohlenhydrate (g)	112,0	11,5	Natrium (mg)	966,2	99,0
Fett (g)	12,4	1,3	Kalium (mg)	983,5	100,8

Nudelsalat mit Thunfisch

Rezept von Andy Münzer

		KALORIEN (KCAL)	
		gesamt	100g
200 g	Hartweizennudeln	716	358
150 g	Thunfisch in Wasser (1 Dose)	179	119
100 g	Zwiebeln	32	32
100 g	Gewürzgurken	10	10
100 g	Mais	105	105
	Diätsalz (z.B. Vital-D, Reformhaus)	0	0
	Pfeffer nach Geschmack	–	279
	Gurkenessig	–	16

Die Nudeln kochen, danach mit kaltem Wasser abschrecken. Den Thunfisch in einem Sieb gründlich abwaschen, die Zwiebeln und die Gewürzgurken kleinschneiden. Alle Zutaten vermengen, würzen und anschließend mit dem Gurkenessig abschmecken.

Analyse	**Gesamt**	**100g**		**Gesamt**	**100g**
Energie (kcal)	1043,5	160,0	davon MUF (g)	0,7	0,1
Eiweiß (g)	75,4	11,5	Ballaststoffe (g)	71,0	1,1
Kohlenhydrate (g)	170,4	26,1	Natrium (mg)	662,4	101,6
Fett (g)	5,7	0,9	Kalium (mg)	528,6	81,1

Broccoli-Hähnchen-Auflauf

		KALORIEN (KCAL) gesamt	100g
300 g	Broccoli	78	26
200 g	Hähnchenbrustfilet	260	130
100 g	Zwiebeln	32	32
110 g	Vollei (2 Stück)	185	168
10 g	Sonnenblumenöl (1 TL)	93	929
20 g	saure Sahne, 10% Fett (1 EL)	24	121
15 g	Parmesan (1 EL)	57	383
	Salz nach Geschmack	0	0
	Muskatnuß nach Geschmack	–	539

Broccoli in kochendem Salzwasser 5 Min. kochen, abgießen und abtropfen lassen. Eine kleine feuerfeste Form leicht einfetten, Broccoli darin verteilen. In einer Pfanne Zwiebeln in etwas Wasser anrösten, Hühnerfilet zugeben, alles durchbraten, dann auf den Broccoli legen. Volleier mit saurer Sahne und Parmesan verquirlen, mit Salz und geriebener Muskatnuß würzen. Eiermasse über Broccoli und Fleisch gießen, im vorgeheizten Backofen bei 200 Grad 15–20 Min. backen.

Analyse	**Gesamt**	**100g**		**Gesamt**	**100g**
Energie (kcal)	729,3	94,3	davon MUF (g)	8,4	1,1
Eiweiß (g)	84,2	10,9	Ballaststoffe (g)	13,5	1,7
Kohlenhydrate (g)	15,4	2,0	Natrium (mg)	461,3	59,7
Fett (g)	30,6	4,0	Kalium (mg)	2038,0	263,6

Froschis Spezial Misch-Masch

		Kalorien (kcal) gesamt	100g
200 g	Putenfilet	238	119
150 g	Eiklar (5 Stück)	74	49
150 g	Himbeere (TK oder frisch)	53	49
100 g	Magerquark	76	76
120 g	10-Frucht Vollkornmüsli (Schneekoppe)	404	337
	Süßstoff (z.B. Natreen)	0	0
	Zitronensaft	2	37
	Zimt	3	267

Himbeeren auftauen. Pute kleinschneiden oder durch den Fleischwolf drehen. Danach in einer beschichteten Pfanne scharf anbraten. Eiklar ebenfalls in eine beschichtete Pfanne geben und ähnlich wie Rühreier zubereiten. Quark mit Süßstoff, Zimt und Zitronensaft abschmecken und mit etwas Wasser glattrühren. Müsli in 0,5 Liter kochendes Wasser geben, und solange auf kleiner Hitze weiterköcheln lassen, bis die Flüssigkeit fast aufgesogen ist. Mit Honig und Streusüße abschmecken. Anschließend alle Zutaten vorsichtig miteinander vermengen und erkalten lassen.

Analyse	**Gesamt**	**100g**		**Gesamt**	**100g**
Energie (kcal)	859,5	117,0	davon MUF (g)	1,0	0,1
Eiweiß (g)	90,4	12,4	Ballaststoffe (g)	20,6	2,8
Kohlenhydrate (g)	93,5	12,9	Natrium (mg)	521,6	71,7
Fett (g)	6,9	0,9	Kalium (mg)	1780,4	214,9

Curry-Ketchup

		Kalorien (kcal)	
		gesamt	100g
500 g	Tomaten	93	19
100 g	rote Gemüsepaprika	29	29
250 g	Zwiebeln	80	32
5 g	Salz (1 TL)	0	0
60 g	Essig (4 EL)	10	16
	Süßstoff (1 1/2 TL, z.B. Natreen)	0	0
	Cayennepfeffer (1 Prise)	–	303
	schwarzer Pfeffer (1 Prise)	–	279
	edelsüßes Paprikapulver (1 Prise)	–	320
	Currypulver (2 EL)	32	321

Tomaten und Paprikaschoten waschen, Zwiebeln abziehen. Alles in Stücke schneiden, mit den restlichen Zutaten vermengen und zum Kochen bringen. Etwa 30 Min. dünsten lassen, anschließend durch ein Sieb streichen. Curry-Ketchup noch etwas einkochen lassen, bis er dicklich wird. Sofort in vorbereitete Gläser füllen und verschließen.

Analyse	Gesamt	100g		Gesamt	100g
Energie (kcal)	243,3	26,3	davon MUF (g)	1,1	0,1
Eiweiß (g)	10,7	1,2	Ballaststoffe (g)	20,2	2,2
Kohlenhydrate (g)	39,3	4,2	Natrium (mg)	2331,7	251,8
Fett (g)	2,6	0,3	Kalium (mg)	2419,4	261,3

Italienische Tomatensoße

		Kalorien (kcal) gesamt	100g
25 g	Zwiebeln	8	32
100 g	Champignons (Konserve)	12	12
150 ml	Wasser	0	0
200 g	passierte Tomate (Konserve ohne Salz)	38	19
50 g	entrahmter Joghurt (1 EL)	21	42
10 g	Parmesan (1 TL)	38	383
2 g	pflanzliches Bindemittel (2 TL) (Johannisbrotkernmehl)	–	30
5 g	Gemüsebrühwürfel (1/2 TL)	7	148
5 g	Diätsalz (1/2 TL, z.B. Vital-D, Reformhaus)	0	0
	Pfeffer (1 Prise)	–	279
	Oregano (1 TL)	–	57
	Pizzagewürz (1 TL)	–	–

Zwiebeln schälen und in kleine Würfel schneiden. Mit Champignons und Wasser in einer antihaftbeschichteten Pfanne leicht andünsten (maximal 5 Minuten). Danach Tomaten, Joghurt und Parmesan mit einem Schneebesen unterrühren. Anschließend die restlichen Zutaten hinzufügen, abschmecken und noch einige Minuten köcheln lassen.

Analyse	**Gesamt**	**100g**		**Gesamt**	**100g**
Energie (kcal)	124,7	23,1	davon MUF (g)	0,4	0,1
Eiweiß (g)	10,7	2,0	Ballaststoffe (g)	6,8	1,3
Kohlenhydrate (g)	11,3	2,1	Natrium (mg)	1645,0	304,1
Fett (g)	3,1	0,6	Kalium (mg)	903,0	166,9

Kartoffelsuppe

		KALORIEN (KCAL)	
		gesamt	100g
600 g	Kartoffeln	511	85
100 g	Zwiebeln	32	32
100 g	Sellerie	23	23
400 ml	entrahmte Milch	146	37
400 ml	Wasser	0	0
5 g	Gemüsebrühwürfel (1 Stück)	8	148
	Muskatnuß (1 Prise)	–	279
	Pfeffer (1 Prise)	–	539
5 g	Sojasoße (1 TL)	4	75

Gemüsebrühwürfel, Kartoffeln, Zwiebeln und Sellerie in einen großen Topf mit Wasser geben. Zugedeckt bei mittlerer Hitze 20 Min. kochen (bis die Kartoffeln weich sind). In einen Mixer geben und pürieren. Püree wieder in den Topf geben. Restliche Zutaten hinzufügen. Suppe erhitzen, aber nicht kochen lassen.

Analyse	Gesamt	100g		Gesamt	100g
Energie (kcal)	723,6	44,9	davon MUF (g)	0,6	0,1
Eiweiß (g)	31,4	1,9	Ballaststoffe (g)	21,3	1,3
Kohlenhydrate (g)	133,8	8,3	Natrium (mg)	1572,0	97,6
Fett (g)	1,7	0,1	Kalium (mg)	3843,0	238,7

Tomatenketchup

		KALORIEN (KCAL) gesamt	100g
500 g	Tomaten	93	19
200 g	Zwiebeln	64	32
50 g	Knollensellerie	11	23
250 g	rote Gemüsepaprika	72	29
5 g	Speisesalz (1 TL)	0	0
	Essig (5 EL)	12	16
	Süßstoff (1 1/2 TL, z.B. Natreen)	0	0
	edelsüßer Paprika (1 gestrichener TL)	–	320
	weißer Pfeffer (1 gestrichener TL)	–	279
	Cayennepfeffer (1/2 gestrichener TL)	–	303

Tomaten, Zwiebeln, Sellerieknolle und Paprikaschoten vorbereiten, alles in Stücke schneiden und mit den restlichen Zutaten vermengen. Das Ganze zum Kochen bringen, etwa 30 Min. dünsten lassen und anschließend durch ein Sieb streichen. Tomaten-Paprika-Masse noch etwas einkochen lassen, bis sie dicklich wird. Sofort in vorbereitete Gläser füllen und verschließen.

Analyse	Gesamt	100g		Gesamt	100g
Energie (kcal)	252,3	23,4	davon MUF (g)	1,1	0,1
Eiweiß (g)	11,8	1,1	Ballaststoffe (g)	22,9	2,1
Kohlenhydrate (g)	40,5	3,8	Natrium (mg)	2177,0	201,5
Fett (g)	2,2	0,2	Kalium (mg)	2712,0	250,9

»WER KRAFT UND MASSE AUFBAUEN WILL,
MUSS REICHLICH PROTEIN KONSUMIEREN.«

DAVID PROKOP

»DU BIST, WAS DU ISST. TRAINING IST WICHTIG, ABER DIE WETTKAMPFDIÄT IST ENTSCHEIDEND.«

VINCE TAYLOR

REZEPTE II

SNACKS + MILCH SHAKES

»JE INTENSIVER DAS TRAINING, DESTO LÄNGER SOLLTEN SIE DIE DARAUF FOLGENDE MAHLZEIT HINAUSZÖGERN.«

BOB PARIS

Kartoffel-Muffins

		Kalorien (kcal) gesamt	100g
350 g	geriebene Süßkartoffeln	373	107
250 g	Weizenkleie	509	204
8 g	Backpulver (1 TL)	8	100
2 g	Zimt (1 1/2 TL)	6	267
160 ml	Milch	59	37
200 g	Eiklar (6 Stück)	99	49

Kartoffeln waschen, schälen, reiben und in eine Schüssel geben. Kleie, Backpulver, Zimt und Gewürze hinzufügen. Mit einem Löffel gut durchmischen. Wasser hinzufügen und mit den Zutaten vermengen. Eiklar steif schlagen und unter die Kartoffelmasse heben. Teig in kleine, leicht gefettete Muffins- oder Tortelettförmchen füllen oder auf ein leicht gefettetes Blech streichen. Backzeit 20–25 Min. (Holzstäbchenprobe) bei 175–200 Grad. Süßkartoffeln sind in allen guten Obst- und Gemüsehandlungen erhältlich. Ersatzweise können mit Süßstoff gesüßte Speisekartoffeln verwendet werden.

Analyse	**Gesamt**	**100g**		**Gesamt**	**100g**
Energie (kcal)	1052,1	108,5	davon MUF (g)	7,5	0,8
Eiweiß (g)	69,1	7,1	Ballaststoffe (g)	132,5	13,7
Kohlenhydrate (g)	141,9	14,6	Natrium (mg)	1427,0	147,1
Fett (g)	15,1	1,6	Kalium (mg)	5454,0	562,3

Pizza-Semmeln

		KALORIEN (KCAL) gesamt	100g
50 g	Weizenkeimöl	373	746
100 g	Rein-Rind-Salami (z.B. Herta)	280	280
300 g	Putenschinken mit Paprikahaut	399	133
200 g	Edamer	557	279
100 g	geschnittene Champignons (Konserve)	12	12
200 g	passierte Tomate (Konserve ohne Salz)	24	12
75 g	grüne, milde Pepperoni	15	20
450 g	Baguette-Brötchen (9 Stück)	1195	265
	Pizzagewürz (2 TL)	–	–
	Salz	0	0
	Pfeffer	–	279
	Paprika	–	320

Salami und Putenschinken in kleine Würfel schneiden. In einer Schüssel mit den restlichen Zutaten mischen und mit den Gewürzen abschmecken. Baguettes halbieren, Pizzamasse mit einem Eßlöffel auf die Baguettes streichen und im vorgeheizten Backofen bei 220 Grad 20 Min. backen.

Analyse	**Gesamt**	**100g**		**Gesamt**	**100g**
Energie (kcal)	2856,6	193,7	davon MUF (g)	25,6	1,9
Eiweiß (g)	194,2	13,2	Ballaststoffe (g)	12,6	0,9
Kohlenhydrate (g)	250,4	17,0	Natrium (mg)	9469,3	642,0
Fett (g)	96,0	6,5	Kalium (mg)	3307,8	224,3

Thunfisch-Muffins

		KALORIEN (KCAL) gesamt	100g
125 g	Naturreis	445	356
200 g	Thunfisch in Wasser	238	119
30 g	Parmesan (3 EL)	115	383
8 g	Sojasauce (2 TL)	6	75
300 g	entrahmter Joghurt	126	42
120 g	Eiklar (4 Stück)	59	49
	Zitronensaft (1 EL)	–	36
	Petersilie (1 EL)	–	28
50 g	Zwiebeln	16	32
	Pfeffer (1/4 TL)	–	279
100 g	Tomate	19	19

Reis kochen, Thunfisch zerkleinern und in einem Nudelsieb unter kaltem Wasser gründlich waschen. Reis mit Thunfisch, Parmesan, Sojasauce, Joghurt, Zitronensaft, Petersilie, Tomaten, Zwiebeln und Pfeffer mischen. Das Eiklar steif schlagen und unter die restlichen Zutaten heben. Anschließend in leicht gefettete Muffin- oder Tortelettförmchen füllen. Im vorgeheizten Backofen bei 200 Grad für 20–30 Min. backen.

Analyse	**Gesamt**	**100g**		**Gesamt**	**100g**
Energie (kcal)	1027,5	109,0	davon MUF (g)	1,3	0,1
Eiweiß (g)	103,9	11,0	Ballaststoffe (g)	8,5	0,9
Kohlenhydrate (g)	113,5	12,0	Natrium (mg)	718,8	76,2
Fett (g)	11,5	1,2	Kalium (mg)	1331,4	141,2

Tortillas

		KALORIEN (KCAL) gesamt	100g
60 g	Maismehl	219	365
60 g	Buchweizenmehl	218	363
125 ml	Wasser	0	0
	Pfeffer	–	279

Maismehl und Buchweizenmehl in eine Schüssel geben. Mit einem Holzlöffel unter Zugabe des Wassers einen glatten, cremigen Teig rühren. Beschichtete Pfanne erhitzen. 1–2 EL Teig in die Pfanne geben und mit Hilfe eines nassen Löffels zu flachen Fladen ausstreichen und anschliessend backen. Der Teig kann auch in einem Waffeleisen gebacken werden.

Analyse	Gesamt	100g		Gesamt	100g
Energie (kcal)	436,5	178,2	davon MUF (g)	0,3	0,1
Eiweiß (g)	5,0	2,1	Ballaststoffe (g)	2,8	1,2
Kohlenhydrate (g)	96,0	39,2	Natrium (mg)	8,6	3,5
Fett (g)	1,0	0,4	Kalium (mg)	136,3	55,6

Joghurt-Protein-Drink

		Kalorien (kcal) gesamt	100g
225 ml	entrahmte Milch	83	37
225 g	entrahmter Joghurt	95	42
55 g	Vollei (1 Stück)	84	168
66 g	Eiklar (2 Stück)	32	49
40 g	Eiweißpulver 80%, (2 EL)	148	370
100 g	Erdbeeren	33	33

Zubereitung im Mixer: Alle Zutaten im Mixer bei höchster Stufe verquirlen, eventuell einige Eiswürfel dazugeben. Kalt servieren.

Analyse	Gesamt	100g		Gesamt	100g
Energie (kcal)	474,2	67,2	davon MUF (g)	1,0	0,1
Eiweiß (g)	63,5	9,0	Ballaststoffe (g)	2,2	0,3
Kohlenhydrate (g)	31,6	4,5	Natrium (mg)	439,3	62,2
Fett (g)	7,3	1,0	Kalium (mg)	1061,0	150,4

Power-Drink Banana

		KALORIEN (KCAL) gesamt	100g
250 ml	entrahmte Milch	92	37
33 g	Eiklar (1 Stück)	16	49
55 g	Vollei (1 Stück)	84	168
40 g	Eiweißpulver 80%, (2 EL)	148	370
300 g	gefrorene Bananen (2 Stück)	263	88

Zubereitung im Mixer: Alle Zutaten im Mixer bei höchster Stufe verquirlen, eventuell einige Eiswürfel dazugeben. Kalt servieren. Tip: Bananen vor dem Einfrieren in Scheiben schneiden.

Analyse	**Gesamt**	**100g**		**Gesamt**	**100g**
Energie (kcal)	611,7	90,2	davon MUF (g)	1,0	0,2
Eiweiß (g)	54,5	8,0	Ballaststoffe (g)	10,2	1,5
Kohlenhydrate (g)	73,1	10,8	Natrium (mg)	264,4	39,0
Fett (g)	7,9	1,2	Kalium (mg)	1641,5	242,1

Beeren Protein-Flip

		KALORIEN (KCAL) gesamt	100g
50 ml	entrahmte Milch	18	37
60 ml	Wasser	0	0
100 g	Eiklar (3 Stück)	49	49
130 g	Brombeeren	70	54
25 g	Proteinpulver 80%, (1 geh. EL)	92	370
100 g	entrahmter Joghurt	42	42
50 g	Magerquark	38	76

Zubereitung im Mixer: Alle Zutaten im Mixer bei höchster Stufe verquirlen, eventuell einige Eiswürfel dazugeben. Kalt servieren. Je nach Art des Proteinpulvers kann die »Festigkeit« des Drinks verschiedenartig ausfallen.

Analyse	**Gesamt**	**100g**		**Gesamt**	**100g**
Energie (kcal)	309,9	60,2	davon MUF (g)	0,9	0,2
Eiweiß (g)	44,1	8,6	Ballaststoffe (g)	4,2	0,8
Kohlenhydrate (g)	22,8	4,4	Natrium (mg)	649,2	126,0
Fett (g)	2,3	0,4	Kalium (mg)	1013,1	196,7

»FÜR DEN WETTKAMPF MUSS DAS KÖRPERFETT SO GUT WIE MÖGLICH REDUZIERT WERDEN.«

TOM PLATZ

REZEPTE III

BROT + BROTAUFSTRICH

»FETT BLEIBT FETT, EGAL OB NÜSSE ODER PFLANZENÖLE. ZUVIEL DAVON, UND SIE FINDEN ES AN IHRER TAILLE WIEDER.«

LEE HANEY

Apfelbrot

Rezept von Andrea Urban, Weissenburg

Menge	Zutat	Kalorien (kcal) gesamt	100g
750 g	Apfel	362	48
100 g	Fruchtzucker	400	400
100 g	Diabetikerzucker (z.B. Flarom)	240	240
100 g	Rosinen	286	286
25 g	Zimt (2 EL)	67	267
40 ml	Rum (2 Schnapsgläser)	93	715
4 g	Gewürznelken gemahlen (1 TL)	17	418
250 g	Mehl (Typ 405)	911	356
150 g	Weizenvollkornmehl	501	334
28 g	Backpulver (1 1/2 Päckchen)	28	100
100 g	10-Frucht Vollkornmüsli (Schneekoppe)	337	337
25 g	gepopter Weizen (Reformhaus)	92	369
25 g	ganze Nüsse	136	544
50 g	Knuspermüsli (Vollkorn Knusper, Grano Vita)	167	344
100 g	Eiklar (3 Stück)	49	49

Äpfel schälen, vierteln und grob raspeln. Anschließend mit Fruchtzucker, Diabetikerzucker, Rosinen, Rum, Zimt, Nelken mischen und 2 Stunden stehen lassen. 100g Müsli mahlen und anschließend mit Mehl, Backpulver, 25g gepoptem Weizen und 50g Knuspermüsli (bzw. 25g ganze Nüsse) zusammenrühren. Eiklar über die Apfelmischung geben, alles mit den trockenen Zutaten gut vermengen und in eine 30 cm Kastenform geben (bis 1 cm unter den Rand füllen; Teig ist sehr zäh und geht beim Backen nicht sehr hoch auf). Im vorgeheizten Backofen bei 175 Grad 1 1/2 Stunden backen, bei 2 Formen die Backzeit um 30 Min. verlängern. Mit einem Holzstäbchen testen, ob das Brot gar ist.

Analyse	Gesamt	100g		Gesamt	100g
Energie (kcal)	3687,7	199,7	davon MUF (g)	10,0	0,6
Eiweiß (g)	82,2	4,5	Ballaststoffe (g)	66,5	3,6
Kohlenhydrate (g)	712,6	38,6	Natrium (mg)	3622,7	196,1
Fett (g)	30,2	1,6	Kalium (mg)	3869,0	209,5

Bananenbrot

		KALORIEN (KCAL) gesamt	100g
350 g	Weizenmehl (Typ 1050)	1245	356
100 g	Eiklar (3 Stück)	49	49
800 g	sehr reife Bananen (8 Stück)	702	88
25 g	Fruchtzucker	100	400
25 g	Diabetikerzucker (z.B. Flarom)	60	240
8 g	Backpulver (1 TL)	8	100
1 g	Zimt (1 TL)	3	267
	Pottasche (1 TL Kaliumcarbonat)	0	0

Mehl, Zucker, Zimt, Backpulver und Pottasche gut mischen. Bananen mit dem Mixer zu Püree verarbeiten. Eiklar steif schlagen und unter die Bananenmischung heben. Trockene Zutaten unter die Banane-Eiklar-mischung heben. Teigmischung in eine leicht gefettete oder mit Back-papier ausgekleidete Kastenform (30 cm) füllen. Bei 180 Grad im vor-geheizten Backofen 35–40 Min. backen.

Analyse	**Gesamt**	**100g**		**Gesamt**	**100g**
Energie (kcal)	2167,5	165,6	davon MUF (g)	3,8	0,3
Eiweiß (g)	61,2	4,7	Ballaststoffe (g)	42,3	3,2
Kohlenhydrate (g)	431,3	52,9	Natrium (mg)	1143,5	87,4
Fett (g)	7,9	0,6	Kalium (mg)	3914,5	299,0

Rosinenbrot

		KALORIEN (KCAL) gesamt	100g
350 g	Weizenmehl (Typ 1050)	1245	356
8 g	Backpulver (1 TL)	8	100
	Natron (1/2 TL)	0	0
1 g	Zimt (1 TL)	3	267
100 g	Eiklar (3 Stück)	49	49
200 ml	Kondensmilch (4% Fett)	228	114
100 g	Fruchtzucker	400	400
200 g	Rosinen	573	286

Trockene Zutaten vermengen. Flüssige Zutaten verrühren, zu den trockenen Zutaten geben und gut durchmischen. Rosinen hinzufügen. Eine Kastenform leicht einfetten und die Mischung hineingeben. Bei 175 Grad im vorgeheizten Backofen 50–60 Min. backen.

Analyse	**Gesamt**	**100g**		**Gesamt**	**100g**
Energie (kcal)	2506,0	261,3	davon MUF (g)	3,9	0,4
Eiweiß (g)	71,4	7,4	Ballaststoffe (g)	27,7	2,9
Kohlenhydrate (g)	490,1	51,1	Natrium (mg)	1401,3	149,1
Fett (g)	15,0	1,6	Kalium (mg)	3131,5	326,5

Fruchtschnitten

		KALORIEN (KCAL) gesamt	100g
100 g	Feigen	67	67
100 g	Orangeat	304	304
100 g	10-Frucht Vollkornmüsli (Schneekoppe)	337	337
100 g	gehobelte Haselnüsse	682	682
500 g	Banane (5 Stück)	439	88
350 g	Roggenflocken	1109	317
50 g	Honig (3 EL)	158	317
50 g	Vollei (1 Stück)	84	168
80 g	Eiklar (2 Stück)	39	49
17 g	Backpulver (1 Päckchen)	17	100
	Citro-Back (1/2 Päckchen)	0	0
	heißes Wasser (2 EL)	0	0

Alle trockenen Zutaten kleinhacken, die Bananen in Stücke schneiden. Vollei trennen und das Eigelb mit dem heißen Wasser schaumig schlagen. Honig unterrühren. Alle gehackten, geschnittenen und gemahlenen Zutaten, Backpulver und Citro-Back untermengen. Eiweiß steif schlagen und unterheben. Den Teig eine Stunde quellen lassen. Ein Blech leicht fetten und mehlen oder mit Backpapier auslegen, den Teig darauf verteilen. Bei 220 Grad 35–45 Min. backen. Nach dem Auskühlen in Rechtecke schneiden.

Analyse	Gesamt	100g		Gesamt	100g
Energie (kcal)	3235,9	223,6	davon MUF (g)	11,2	0,8
Eiweiß (g)	81,1	5,6	Ballaststoffe (g)	81,6	5,6
Kohlenhydrate (g)	514,4	35,5	Natrium (mg)	2246,0	155,3
Fett (g)	79,7	5,5	Kalium (mg)	5226,0	361,2

Roggenfruchtriegel

Rezept von Beate Weiß, Schwabach

		Kalorien (kcal) gesamt	100g
150 g	Joghurt (0,3% Fett)	63	42
75 g	Diabetikerzucker (z.B. Flarom)	180	240
60 ml	Kondensmilch (4% Fett)	68	114
120 g	Weizenmehl (Typ 1050)	427	355
2 g	Backpulver (1/2 TL)	2	100
90 g	Roggenflocken	285	317
30 g	Hirseflocken (Reformhaus)	112	373
20 g	Weizenmehl (Typ 1050)	71	355
100 g	Rosinen	286	286
50 g	Orangeat	152	303
200 g	Diät-Pfirsichmarmelade	169	85

Backofen auf 175 Grad vorheizen. Joghurt, Fruchtzucker und Kondensmilch verrühren. Mehl, Backpulver, Roggenflocken und Hirseflocken vermengen. Zu der Joghurtmischung geben und gut durchmischen. In einer getrennten Schüssel 2 EL Mehl über die Fruchtstückchen (Orangeat und Rosinen) streuen. Pfirsichmarmelade (Rezept Seite 68) dazugeben. Gut vermischen. Eine Backform (20 x 20 cm) leicht einfetten oder mit Backpapier auskleiden. Die Hälfte der Joghurt-Mehl-Mischung in die Form geben und die Fruchtmischung darüberstreichen. Restliche Joghurt-Mehl-Mischung darübergeben und gleichmäßig verteilen. 20–30 Min. backen. Vor dem Schneiden abkühlen lassen.

Analyse	**Gesamt**	**100g**		**Gesamt**	**100g**
Energie (kcal)	1816,3	202,5	davon MUF (g)	3,0	0,3
Eiweiß (g)	43,5	4,8	Ballaststoffe (g)	29,5	3,3
Kohlenhydrate (g)	369,7	41,2	Natrium (mg)	438,3	48,9
Fett (g)	8,5	0,9	Kalium (mg)	2471,0	275,5

Erdbeermarmelade

		KALORIEN (KCAL)	
		gesamt	100g
1000 g	Frische Erdbeeren	325	32
250 g	Diabetikerzucker (z.B. Flarom)	600	240
25 g	Geliere Leicht (1 Päckchen, Natreen)	53	210

Erdbeeren im Mixer pürieren. Zucker und Geliere Leicht hinzufügen. Alles gut mischen, anschließend in einen Topf geben und unter ständigem Rühren zum Kochen bringen. Noch 1–2 Min. kochen lassen, dann sofort in Gläser füllen, verschließen und auf den Kopf stellen. Abkühlen lassen.

Analyse	**Gesamt**	**100g**		**Gesamt**	**100g**
Energie (kcal)	977,9	76,7	davon MUF (g)	2,5	0,2
Eiweiß (g)	8,0	0,6	Ballaststoffe (g)	30,4	1,7
Kohlenhydrate (g)	215,0	16,9	Natrium (mg)	81,8	2,4
Fett (g)	4,0	0,3	Kalium (mg)	1575,0	117,6

Sauerkirschmarmelade

		KALORIEN (KCAL) gesamt	100g
1000 g	frische Sauerkirschen	567	56
250 g	Diabetikerzucker (z.B. Flarom)	600	240
25 g	Geliere Leicht (1 Päckchen, Natreen)	53	210

Sauerkirschen entsteinen und im Mixer pürieren. Zucker und Geliere Leicht hinzufügen. Alles gut mischen, anschließend in einen Topf geben und unter ständigem Rühren zum Kochen bringen. Noch 1–2 Min. kochen lassen, dann sofort in Gläser füllen, verschließen und Gläser auf den Kopf stellen. Abkühlen lassen.

Analyse	**Gesamt**	**100g**		**Gesamt**	**100g**
Energie (kcal)	1219,5	95,6	davon MUF (g)	1,3	0,1
Eiweiß (g)	9,0	0,7	Ballaststoffe (g)	18,8	1,5
Kohlenhydrate (g)	267,0	20,9	Natrium (mg)	71,8	5,6
Fett (g)	4,0	0,3	Kalium (mg)	1975,0	154,9

Pfirsichmarmelade

		KALORIEN (KCAL) gesamt	100g
1000 g	frische Pfirsiche	426	42
250 g	Diabetikerzucker (z.B. Flarom)	600	240
25 g	Geliere Leicht (1 Päckchen, Natreen)	53	210

Pfirsiche entsteinen und in kleine Stücke schneiden, dann im Mixer pürieren. Zucker und Geliere Leicht hinzufügen. Alles gut mischen, anschließend in einen Topf geben und unter ständigem Rühren zum Kochen bringen. Noch 1–2 Min. kochen lassen, dann sofort in Gläser füllen, verschließen und auf den Kopf stellen. Abkühlen lassen.

Analyse	**Gesamt**	**100g**		**Gesamt**	**100g**
Energie (kcal)	1078,3	84,6	davon MUF (g)	0,4	0,0
Eiweiß (g)	7,0	0,6	Ballaststoffe (g)	22,4	1,1
Kohlenhydrate (g)	149,0	19,5	Natrium (mg)	71,8	1,6
Fett (g)	1,0	0,1	Kalium (mg)	2175,0	164,7

»DIE KOMBINATION VON BODYBUILDING-DIÄT UND TRAINING IST NICHT ZU SCHLAGEN.«

MANDY TANNY

»FETTREICHE LEBENSMITTEL HABE ICH AUS MEINER ERNÄHRUNG GESTRICHEN.«

JOE BUCCI

REZEPTE IV

AUFLÄUFE + SÜSSE SPEISEN

»SETZEN SIE SICH REALISTISCHE ZIELE. SIE SOLLTEN VOR ALLEM SPASS AN DER SACHE HABEN.«

AMY FADHLI

Eiweißreis mit Buttermilch

Rezept von Andy Münzer

		KALORIEN (KCAL) gesamt	100g
1300 g	Eiklar (40 Stück)	641	49
250 g	Naturreis	890	356
30 g	Rosinen	86	286
300 g	Apfel (2 Stück)	145	48
5 g	Pulverkaffee (1 TL)	5	96
	Süßstoff (1 TL, z.B. Natreen)	0	0
500 ml	Buttermilch (1/2 l)	182	36
40 g	Vanille-Puddingpulver (1 Päckchen, Natreen)	140	350
	Süßstoff (1 TL, z.B. Natreen)	0	0

Reis in 1 Liter Wasser 20–30 Min. kochen. In der Zwischenzeit das Eiklar in einer beschichteten Teflonpfanne, vermengt mit 1 TL Pulverkaffee braten. Äpfel schälen, vierteln und in kleine Stücke teilen. Anschließend mit Reis, Rosinen, Süßstoff und den fertigen Rühreiern vermengen. Für die Soße Buttermilch, Pudding und Süßstoff mixen und über die erkaltete oder warme Eierreismischung geben.

Analyse	**Gesamt**	**100g**		**Gesamt**	**100g**
Energie (kcal)	2087,7	86,1	davon MUF (g)	2,8	0,1
Eiweiß (g)	168,2	6,9	Ballaststoffe (g)	22,8	0,9
Kohlenhydrate (g)	293,4	12,1	Natrium (mg)	3038,0	125,2
Fett (g)	10,8	0,4	Kalium (mg)	3929,0	161,9

Hirse-Apfelküchle mit Reisflocken

		KALORIEN (KCAL) gesamt	100g
50 g	Hirseflocken (Reformhaus)	186	373
50 g	Reisflocken (Reformhaus)	176	351
300 g	Eiklar (9 Stück)	147	49
400 g	Apfel, in Ringe geschnitten (2 Stück)	195	48
	Candarel Streusüße (2–3 TL)	6	400
1 g	Zimt (1 TL)	3	267

Kernhaus der Äpfel ausstechen. Äpfel in 0,5 cm dicke Ringe schneiden. Hirseflocken und Reisflocken mit dem Eiklar im Mixer gut mischen. Apfelringe in eine Schüssel geben und Hirse-Eiklarmischung darüber gießen. Herdplatte auf die höchste Stufe schalten. Apfelring auf einem Eßlöffel in eine teflonbeschichtete Pfanne heben, eventuell 1–2 EL Eiklarmischung im nachhinein auf den Apfelring in der Pfanne geben, so daß dieser gut bedeckt ist. Von beiden Seiten goldbraun backen und heiß servieren.
Zimt mit Streusüße mischen und auf die warmen Küchle geben.

Analyse	**Gesamt**	**100g**		**Gesamt**	**100g**
Energie (kcal)	713,2	88,7	davon MUF (g)	2,0	0,3
Eiweiß (g)	40,1	5,0	Ballaststoffe (g)	14,8	1,8
Kohlenhydrate (g)	118,4	14,7	Natrium	553,8	68,9
Fett (g)	4,4	0,6	Kalium	1200,5	149,3

Hirseauflauf

		KALORIEN (KCAL) gesamt	100g
40 g	Hirse	129	373
1 g	Salz (1 Prise)	0	0
250 ml	entrahmte Milch	92	32
15 g	Carob/Johannisbrot-kernmehl (1 EL)	26	170
100 g	Pflaume (6 Stück)	57	16
33 g	Eiklar (1 Stück)	16	49

Hirse mit heißem Wasser überbrühen. Die Hirse mit leicht gesalzener Milch in einer Kasserolle weich kochen. Dann süßen, Carob einrühren, abkühlen lassen und die Pflaumen beimengen. In diese Masse den steifen Schnee von einem Eiklar unterheben. Eine kleine Kastenform mit Backpapier auslegen, Hirsemasse einfüllen und im Ofen bei 180 Grad 20 Min. backen.

Analyse	**Gesamt**	**100g**		**Gesamt**	**100g**
Energie (kcal)	319,7	72,8	davon MUF (g)	0,6	0,1
Eiweiß (g)	15,5	3,5	Ballaststoffe (g)	12,1	2,8
Kohlenhydrate (g)	55,8	12,7	Natrium (mg)	579,1	131,9
Fett (g)	1,7	0,4	Kalium (mg)	865,3	197,1

Obstauflauf

Rezept von Andy Münzer

		Kalorien (kcal) gesamt	100g
300 g	Erdbeeren TK	98	33
300 g	Himbeeren TK	106	35
	Candarel oder Streusüße (1 EL)	5	400
100 g	Vollkornzwieback für Diabetiker	326	326
250 ml	heiße entrahmte Milch	92	37
500 g	Magerquark	382	76
50 g	Rosinen	143	286
80 g	Eiklar (2–3 Stück)	39	49
	Butter- oder Bittermandelaroma (10–20 Tropfen)	–	–
	Mineralwasser	0	0

Das Obst in eine Auflaufform geben, mit Süßstoff bestäuben und bei Zimmertemperatur auftauen lassen. Den Zwieback in heißer Milch kurz einweichen und dicht nebeneinander auf das Obst legen. Quark mit den Geschmacksaromen, Süßstoff und etwas Mineralwasser geschmeidig rühren und die Rosinen unterheben. Die Quarkmasse auf die Zwiebackschicht streichen. Das Eiklar steif schlagen, mit der Streusüße vermengen und gleichmäßig auf die Quarkschicht streichen. Die Auflaufform im vorgeheizten Backofen (175 Grad) 15–20 Min. backen, bis der Eischnee braun wird.

Analyse	Gesamt	100g		Gesamt	100g
Energie (kcal)	1190,2	75,2	davon MUF (g)	5,4	0,3
Eiweiß (g)	107,3	6,8	Ballaststoffe (g)	41,9	2,6
Kohlenhydrate (g)	140,6	8,9	Natrium (mg)	697,8	44,1
Fett (g)	12,3	0,8	Kalium (mg)	3096,4	195,7

Pfannkuchen mit Marmelade

		KALORIEN (KCAL) gesamt	100g
200 g	Eiklar (6 Stück)	99	49
50 g	10-Frucht Vollkornmüsli (Schneekoppe)	169	337
50 g	Erdbeermarmelade (Rezept S.66)	38	77

Müsli mit Eiklar im Mixer gut zerkleinern. Teflonpfanne erhitzen, anschließend kleine Pfannkuchen von 10–15 cm Durchmesser beidseitig hellbraun backen. Je länger Sie die Pfannkuchen backen, desto trockener werden sie. Heiß oder kalt mit Erdbeermarmelade (Rezept Seite 66) servieren. Eventuell mit etwas Candarel bestäuben.

Analyse	Gesamt	100g		Gesamt	100g
Energie (kcal)	306,0	102,0	davon MUF (g)	0,1	0,0
Eiweiß (g)	25,5	8,5	Ballaststoffe (g)	5,0	1,7
Kohlenhydrate (g)	44,5	14,8	Natrium (mg)	361,2	120,4
Fett (g)	2,1	0,7	Kalium (mg)	586,3	195,4

Quark-Pfannkuchen mit Rosinen

		Kalorien (kcal) gesamt	100g
400 g	Eiklar (12 Stück)	197	49
100 g	Hirseflocken (Reformhaus)	373	373
100 g	Magerquark	74	76
150 g	Joghurt (0,3% Fett)	63	42
30 g	Eiweißpulver 80% (2–3 EL)	110	367
50 g	Rosinen	143	286
	Vanille,- Rum-, Bittermandel-aroma (je 10 Tropfen)	–	–
	Süßstoff nach Geschmack (z.B. Natreen)	0	0

Eiklar, Hirse, Quark, Joghurt, Eiweißpulver, Süßstoff und Aromen in einen hohen Mixbehälter geben und bei höchster Stufe eine Min. gut mixen. Anschließend in einer beschichteten Pfanne kleine Pfannkuchen backen, dabei die Rosinen auf die Pfannkuchen verteilen. Werden die Fladen von der zweiten Seite nur kurz gebacken, bleiben die Pfannkuchen schön saftig. Je länger die Backzeit, desto trockener werden die Pfannkuchen.

Analyse	**Gesamt**	**100g**		**Gesamt**	**100g**
Energie (kcal)	963,3	116,1	davon MUF (g)	1,7	0,2
Eiweiß (g)	95,5	11,5	Ballaststoffe (g)	8,3	1,0
Kohlenhydrate (g)	117,4	14,1	Natrium (mg)	1292,0	155,7
Fett (g)	5,2	0,6	Kalium (mg)	2027,0	244,2

Reisauflauf mit Früchten

		KALORIEN (KCAL) gesamt	100g
100 g	Naturreis	356	356
100 g	Sauerkirschen (Natreen)	36	36
25 g	Rosinen	72	286
50 g	Apfel	22	44
100 g	Magerquark	76	76
100 g	Eiklar (3 Stück)	49	49
	Zimt nach Geschmack	–	267
	Süßstoff nach Geschmack (z.B. Natreen)	0	0
	Zitronensaft nach Geschmack	–	36

Reis in 1 Liter Wasser 20–30 Min. kochen. In der Zwischenzeit den Apfel schälen, halbieren und in kleine Stücke schneiden. Apfel, Sauerkirschen, Rosinen, Quark, Zimt, Süßstoff und Zitronensaft mit einem Löffel gut vermengen und anschließend den gegarten Reis dazugeben. Im Anschluß daran das Eiklar steif schlagen (muß aber nicht unbedingt steifgeschlagen sein) und unterheben oder -rühren. Im vorgeheizten Backofen bei 200 Grad 40 Min. goldbraun backen.

Analyse	**Gesamt**	**100g**		**Gesamt**	**100g**
Energie (kcal)	611,4	128,7	davon MUF (g)	2,6	0,2
Eiweiß (g)	31,1	6,6	Ballaststoffe (g)	6,7	1,4
Kohlenhydrate (g)	105,1	22,1	Natrium (mg)	238,3	50,2
Fett (g)	2,6	0,6	Kalium (mg)	850,0	178,9

Vanille-Reisauflauf

		KALORIEN (KCAL) gesamt	100g
200 g	Reis	712	356
350 g	Eiklar	172	49
50 g	Hirseflocken (Reformhaus)	187	373
40 g	Vanille-Puddingpulver (1 Päckchen, Natreen)	140	349
25 g	Rosinen	72	286
	Rumaroma nach Geschmack (einige Tropfen)	–	–
	Süßstoff nach Geschmack (z.B. Natreen)	0	0

Reis in einem Liter Wasser 20–30 Min. kochen. In der Zwischenzeit das Eiklar steif schlagen. Rosinen, Hirseflocken, Pudding, Reis, Süßstoff und Rumaroma mit einem Löffel gut vermengen. Anschließend den geschlagenen Eischnee unterheben. Im vorgeheizten Backofen bei 200 Grad 40 Min. goldbraun backen.

Analyse	**Gesamt**	**100g**		**Gesamt**	**100g**
Energie (kcal)	1282,4	192,8	davon MUF (g)	2,3	0,3
Eiweiß (g)	56,0	8,4	Ballaststoffe (g)	12,2	1,8
Kohlenhydrate (g)	231,6	34,8	Natrium (mg)	782,8	117,7
Fett (g)	6,4	1,0	Kalium (mg)	1199,0	180,3

Rosinen-Reiskuchen

Rezept von Andy Münzer

		KALORIEN (KCAL)	
		gesamt	100g
100 g	Naturreis	356	356
100 g	Hartweizennudeln	360	360
100 g	Roggenflocken	317	317
50 g	Rosinen	143	286
500 g	Magerquark	382	76
660 g	Eiklar (20 Stück)	328	49
20 g	Eiweißpulver 80% (1 EL)	74	370
20 g	Kaffee Instantpulver (1 TL)	19	96
	Zimt nach Geschmack	–	267
	Lebkuchengewürz (z.B. Ostmann)	–	–

Reis und Nudeln kochen und mit den restlichen Zutaten vermischen. Zimt oder Lebkuchengewürz zugeben. Die Teigmasse in eine Springform geben und im vorgeheizten Backofen (170 Grad) 50–60 Min. backen und im geschlossenen Backofen auskühlen lassen.

Analyse	**Gesamt**	**100g**		**Gesamt**	**100g**
Energie (kcal)	1978,9	127,2	davon MUF (g)	2,5	0,2
Eiweiß (g)	179,0	11,5	Ballaststoffe (g)	36,6	2,4
Kohlenhydrate (g)	260,2	16,7	Natrium (mg)	1817,3	116,8
Fett (g)	8,4	0,5	Kalium (mg)	3461,0	222,4

Joghurteis

		Kalorien (kcal) gesamt	100g
100 g	Himbeeren frisch oder TK	35	35
250 g	Joghurt (0,3% Fett)	105	42
125 g	Diabetikerzucker (z.B. Flarom)	300	240
100g	Erdbeeren TK	33	33
	Zitronensaft (1 EL)	0	37

Obst waschen und zusammen mit dem Zucker pürieren. Falls die Kerne der Himbeeren stören, das Fruchtpüree durch ein Sieb passieren. Joghurt mit Zitronensaft mischen, Fruchtpüree hinzufügen und alles gut umrühren. Motor der Eismaschine einschalten und die Masse durch die Einfüllöffnung des Deckels in die Schüssel der Eismaschine gießen. Das Eis kann auch ohne Eismaschine im Tiefkühlfach des Kühlschranks hergestellt werden. Allerdings wird es durch die Zubereitung in der Maschine wesentlich cremiger.

Analyse	**Gesamt**	**100g**		**Gesamt**	**100g**
Energie (kcal)	473,2	82,3	davon MUF (g)	0,5	0,1
Eiweiß (g)	12,8	2,2	Ballaststoffe (g)	10,2	1,8
Kohlenhydrate (g)	98,4	17,1	Natrium (mg)	176,2	30,7
Fett (g)	0,9	0,2	Kalium (mg)	822,5	143,0

Sojaquark

Rezept von Andy Münzer

		KALORIEN (KCAL) gesamt	100g
500 g	Magerquark	382	76
2 g	Süßstoff (1 TL, z.B. Natreen)	0	0
150 ml	Sojamilch ohne Salz (Reformhaus)	52	34
270 g	Roggenflocken	856	217
200 g	Nektarinen (1–2 Stück)	121	60
40 g	Vanille-Puddingpulver, (1 Päckchen, Natreen)	140	349
1 g	Zimt	3	268

Nektarinen entkernen und in kleine Stücke schneiden. Alle Zutaten vermischen und 3–4 Stunden im Kühlschrank kalt stellen.

Analyse	**Gesamt**	**100g**		**Gesamt**	**100g**
Energie (kcal)	1551,9	133,4	davon MUF (g)	4,5	0,4
Eiweiß (g)	98,7	8,5	Ballaststoffe (g)	42,3	3,6
Kohlenhydrate (g)	241,5	20,8	Natrium (mg)	646,2	55,6
Fett (g)	9,7	0,8	Kalium (mg)	2694,0	231,6

Himbeer-Mousse

Rezept von Carine Stasch, Köln

		Kalorien (kcal) gesamt	100g
500 g	Himbeeren frisch oder TK	177	35
500 g	Magerquark	382	76
150 g	Eiklar (5 Stück)	74	49
14 g	weiße Gelatine (8 Blätter)	50	336
	Süßstoff nach Geschmack (z.B. Natreen)	0	0
	Vanilleextrakt nach Geschmack	0	12

Himbeeren pürieren und durch ein Sieb passieren, so daß die Körner zurückbleiben. Gelatine in kaltem Wasser 5 Min. lang einweichen. Himbeeren und Gelatine erwärmen, bis sich die Gelatine auflöst. Leicht erkalten lassen. Eiklar steif schlagen. Himbeermasse mit dem Quark vermengen und mit Süßstoff und Vanilleextrakt abschmecken. Anschließend den Eischnee unter die Himbeer-Quarkmasse heben, in eine Schüssel oder Form füllen und 4 Std. im Kühlschrank ruhen lassen.

Analyse	Gesamt	100g		Gesamt	100g
Energie (kcal)	683,0	58,6	davon MUF (g)	1,1	0,1
Eiweiß (g)	98,8	8,5	Ballaststoffe (g)	35,0	3,0
Kohlenhydrate (g)	46,5	4,0	Natrium (mg)	487,0	41,8
Fett (g)	2,8	0,2	Kalium (mg)	1728,0	148,3

»RICHTIG DIÄT HALTEN BEDEUTET,
NIE HUNGERN ZU MÜSSEN.«

LOU FERRIGNO

»ICH HABE EINE SEHR KLARE VORSTELLUNG DAVON, WIE MEIN KÖRPER OPTIMAL ENTWICKELT AUSSIEHT.«

FRANCIS BENFATTO

REZEPTE V

KUCHEN + GEBÄCK

»TRINKEN SIE VIEL WASSER. MAN KANN GAR NICHT ZUVIEL TRINKEN.«

DENISE PAGLIA

Amerikanischer Reiskuchen

		Kalorien (kcal) gesamt	100g
200 g	Weizenvollkornmehl	668	334
1 g	Speisesalz	0	0
75 g	Fruchtzucker	300	400
50 g	Eiklar (1–2 Stück)	25	49
75 g	Halbfett-Margarine	283	378
200 g	Naturreis	712	356
500 ml	entrahmte Milch	183	37
100 g	Fruchtzucker	400	400
100 g	10-Frucht Vollkornmüsli (Schneekoppe)	337	337
400 g	Eiklar (12 Stück)	197	49
200 g	Sauerkirschen (Natreen)	72	36

Mehl, Salz, Zucker und Vollei zu einem glatten Teig kneten und im Kühlschrank kühl stellen. Reis mit Milch aufkochen und bei schwacher Hitze 40 Min. ausquellen lassen. Eiklar steif schlagen, die Hälfte des Zuckers und die abgeriebenen Schalen einer Orange und Zitrone unterrühren. Müsli in einer Kaffeemühle mahlen. Nach dem Ausquellen des Reises die zweite Hälfte des Zuckers und die Sauerkirschen hinzugeben. Auskühlen lassen. Danach Eischnee und Müsli unter die Reismasse heben. Mit dem Teig eine Springform (26 cm Durchmesser) auskleiden und dabei einen Rand hochdrücken. Den Teig mehrmals mit einer Gabel einstechen und mit der Reismasse füllen. Bei 180 Grad im vorgeheizten Backofen 40–50 Min. backen.

Analyse	**Gesamt**	**100g**		**Gesamt**	**100g**
Energie (kcal)	3176,8	167,1	davon MUF (g)	15,8	0,8
Eiweiß (g)	112,4	5,9	Ballaststoffe (g)	34,2	1,8
Kohlenhydrate (g)	549,6	28,9	Natrium (mg)	1778,0	93,3
Fett (g)	43,3	2,3	Kalium (mg)	3268,0	151,8

Apfelblechkuchen

		KALORIEN (KCAL) gesamt	100g
250 g	Mehlmischung glutenfrei (Reformhaus)	854	356
200 g	Apfel	97	48
50 g	Fruchtzucker	200	400
100 g	Eiklar (3 Stück)	49	49
175 ml	entrahmte Milch	64	37
60 ml	Apfelsaft	22	37
8 g	Backpulver (1 TL)	8	100
	Vanilleextrakt (1 TL)	–	267
	Rumaroma (einige Tropfen)	–	–
1 g	Zimt (1 TL)	3	268

Äpfel in kleine Stücke schneiden und mit Mehl, Zucker, Backpulver, Vanilleextrakt und Zimt gut durchmischen. Milch, Apfelsaft (reiner Saft ohne Zuckerzusatz), Eiklar und Rumaroma ebenfalls mit einem Löffel oder Schneebesen gut verrühren. Anschließend die nassen Zutaten mit den trockenen Zutaten vorsichtig und nicht zu lange vermischen. Den Teig auf ein Blech streichen, im vorgeheizten Backofen bei 180 Grad für 20–30

Analyse	Gesamt	100g		Gesamt	100g
Energie (kcal)	1296,7	153,6	davon MUF (g)	1,3	0,2
Eiweiß (g)	21,7	2,6	Ballaststoffe (g)	13,4	1,6
Kohlenhydrate (g)	291,5	34,5	Natrium (mg)	1226,3	145,3
Fett (g)	2,8	0,3	Kalium (mg)	803,1	95,2

Apfel-Muffins

		KALORIEN (KCAL)	
		gesamt	100g
250 g	Weizenmehl (Typ 1050)	889	356
200 g	Apfel	97	48
50 g	Fruchtzucker	200	400
33 g	Eiklar (1 Stück)	16	49
230 ml	entrahmte Milch	84	37
8 g	Backpulver (1 TL)	8	100
1 g	Zimt (1 TL)	3	267

Äpfel in kleine Stücke schneiden (statt Äpfeln können auch Birnen, Sauerkirschen oder Pfirsiche verwendet werden). Mehl, Fruchtzucker, Backpulver, Apfelstücke und Zimt gut mischen. Eiklar steif schlagen, Milch hinzufügen und weiter schaumig schlagen. Die Masse unter die trockenen Zutaten heben. In kleine Förmchen geben oder auf ein Blech oder eine Springform streichen. Bei 180 Grad im vorgeheizten Backofen 20 Min. backen.

Analyse	**Gesamt**	**100g**		**Gesamt**	**100g**
Energie (kcal)	1296,1	168,0	davon MUF (g)	2,8	0,4
Eiweiß (g)	42,1	5,5	Ballaststoffe (g)	15,7	2,0
Kohlenhydrate (g)	252,3	32,7	Natrium (mg)	1127,7	146,1
Fett (g)	5,5	0,7	Kalium (mg)	1172,0	151,8

Apfelstrudel Wiener Art

		KALORIEN (KCAL) gesamt	100g
250 g	Weizenmehl (Typ 1050)	835	356
55 g	Vollei (1 Stück)	93	168
20 g	Weizenkeimöl	149	746
125 ml	Wasser	–	–
1000 g	Apfel	483	48
50 g	Fruchtzucker	200	400
50 g	Diabetikerzucker (z.B. Flarom)	120	240
	Saft und Schale einer Zitrone	–	36
1 g	Zimt (1 TL)	5	268
15 g	Rum (2 EL)	35	715
100 g	Roggenflocken	317	317
250 ml	entrahmte Milch	92	37

Mehl in eine Schüssel sieben. Vollei, Öl und Wasser dazu geben und zu einem weichen Teig kneten (so lange, bis Teig nicht mehr klebt). Den Teig halbieren und in eine mit Mehl bestäubte Schüssel legen, diese mit einer Plastikfolie (so trocknet der Teig nicht aus) und einem Tuch abdecken und an einem warmen Platz 30 Min. ruhen lassen. Für die Füllung Äpfel schälen und grob raspeln. Zucker, Zitronensaft, Zimt, Rum und das gemahlene Müsli hinzufügen, gut mischen. Den Strudelteig auf einem bemehlten Tuch dünn zum Rechteck ausrollen. Die Füllung darauf verteilen, dabei 5 cm Platz an den Rändern lassen. Zuerst Längsseitenränder, dann die Querseitenränder umklappen. Zwei Enden des Tuches anfassen, Strudel durch Anheben der Querseiten aufrollen und in eine mit Backpapier ausgekleidete Auflaufform gleiten lassen. Im vorgeheizten Backofen knusprig backen. Nach 30 Min. und 45 Min. jeweils mit etwas Milch einpinseln. Restliche Milch 10 Min. vor Ablauf der Backzeit über den Strudel gießen. Backzeit: 50–60 Min. bei 220 Grad im E-Herd.

Analyse	**Gesamt**	**100g**		**Gesamt**	**100g**
Energie (kcal)	2330,6	121,3	davon MUF (g)	14,6	0,8
Eiweiß (g)	58,6	3,0	Ballaststoffe (g)	61,4	3,2
Kohlenhydrate (g)	406,1	21,1	Natrium (mg)	254,9	13,3
Fett (g)	34,5	1,8	Kalium (mg)	3159,1	164,4

Apfeltaschen

		Kalorien (kcal) gesamt	100g
42 g	Hefe (1 Würfel)	23	55
200 g	lauwarme entrahmte Milch	73	37
50 g	Halbfett-Margarine	189	378
55 g	Vollei (1 Stück)	93	168
40 g	Diabetikerzucker (z.B. Flarom)	96	240
40 g	Fruchtzucker	160	400
4 g	Vanillezucker (1/4 TL)	16	395
	Saft von einer Zitrone	–	36
500 g	Weizenvollkornmehl	1670	334
700 g	Apfel	336	48
100 g	grob gemahlene Roggenflocken	317	317
50 g	Diabetikerzucker (z.B. Flarom)	120	240
50 g	Fruchtzucker	200	400
3 g	Zimt (1 TL)	5	268
	Rumaroma nach Geschmack	–	–

Die Hefe in der Milch auflösen, mit den übrigen Zutaten zum Mehl geben und zu einem glatten, nicht mehr klebenden Teig verkneten. Den Teig zu einer Kugel formen und an einem warmen Ort 30–40 Min. gehen lassen. Äpfel schälen, vom Kerngehäuse befreien, grob reiben, sofort mit Rumaroma beträufeln und mit den anderen Zutaten mischen. Den Hefeteig dünn ausrollen und 13 gleiche Rechtecke ausradeln. Je 1–2 Eßlöffel Füllung in die Mitte geben. Die Rechtecke zuklappen und die Ränder fest zusammendrücken. Eventuell mit verquirltem Vollei bestreichen und in den kalten Backofen schieben. Backzeit: 25–30 Min. bei 200 Grad backen (Gasherd Stufe 3).

Analyse	**Gesamt**	**100g**		**Gesamt**	**100g**
Energie (kcal)	3303,2	167,8	davon MUF(g)	7,7	1,1
Eiweiß (g)	91,4	4,6	Ballaststoffe (g)	39,7	3,4
Kohlenhydrate (g)	590,7	30,0	Natrium (mg)	42,8	22,0
Fett (g)	43,5	2,2	Kalium (mg)	382,0	195,1

Blaubeer-Muffins

		KALORIEN (KCAL)	
		gesamt	100g
150 g	Weizenmehl (Typ 1050)	534	356
60 g	Hirseflocken (Reformhaus)	224	373
60 g	Reisflocken (Reformhaus)	211	356
50 g	Diabetikerzucker (z.B. Flarom)	120	240
12 g	Backpulver (1 EL)	12	100
150 ml	entrahmte Milch	55	37
100 g	Eiklar (3 Stück)	49	49
1 g	Vanillearoma natürlich (1/2 TL)	–	12
200 g	Blaubeeren (TK oder frisch)	116	58
20 g	Roggenflocken (grob gemahlen)	63	317

Den Backofen auf etwa 220 Grad vorheizen. Die Muffinförmchen (Torteletttförmchen oder Papierförmchen) mit etwas Backpapier auskleiden oder antihaftbeschichtete Förmchen verwenden. Mehl, Hirseflocken, Reisflocken, Zucker und Backpulver in einer Schüssel mischen. Die restlichen Zutaten – mit Ausnahme der Roggenflocken und Blaubeeren – dazugeben und sorgfältig verrühren. Anschließend die Roggenflocken und Blaubeeren vorsichtig unterheben. Die Förmchen zu dreiviertel füllen. Etwa 15 –18 Min. backen, bis die Muffins goldbraun sind. Sie können statt Diabetikerzucker auch Fruchtzucker verwenden (400kcal/100g; ergibt mehr Kalorien und Kohlenhydrate).

Analyse	**Gesamt**	**100g**		**Gesamt**	**100g**
Energie (kcal)	1386,8	172,7	davon MUF (g)	3,2	0,4
Eiweiß (g)	48,9	6,1	Ballaststoffe (g)	28,4	3,5
Kohlenhydrate (g)	259,5	32,3	Natrium (mg)	1693,0	210,8
Fett (g)	7,0	0,9	Kalium (mg)	1725,0	214,8

Frühstückskuchen

		Kalorien (kcal) gesamt	100g
150 ml	entrahmte Milch	55	37
200 g	Diabetiker-Honig (Fruchtzucker-Sirup)	640	320
100 g	Fruchtzucker	400	400
50 g	Diabetikerzucker (z.B. Flarom)	120	240
400 g	Weizenmehl (Typ 1050)	1423	356
17 g	Backpulver (1 Päckchen)	17	100
4 g	Zimt (2 TL)	11	267
	Lebkuchengewürz (1/2 TL, z.B. Ostmann)	–	–

Honig, Zucker und Milch erwärmen, bis der Zucker geschmolzen ist; abkühlen lassen. Mehl mit Backpulver, Zimt und Lebkuchengewürz vermischen. Honigmischung zugeben und alles mit den Knethaken des Handrührers verkneten. Den Teig in eine gefettete oder mit Backpapier ausgekleidete Kastenform (30 cm) füllen. Die Form in den Backofen schieben, auf 175 Grad schalten und etwa 40–50 Min. backen. Kuchen aus der Form nehmen und auskühlen lassen.

Analyse	**Gesamt**	**100g**		**Gesamt**	**100g**
Energie (kcal)	2665,6	289,4	davon MUF (g)	3,8	0,4
Eiweiß (g)	53,8	5,8	Ballaststoffe (g)	18,2	2,0
Kohlenhydrate (g)	571,2	62,0	Natrium (mg)	2099,0	227,9
Fett (g)	7,3	0,8	Kalium (mg)	1080,0	117,2

Roggenflockenkuchen

		Kalorien (kcal)	
		gesamt	100g
350 g	Roggenmehl (Typ 1150)	1150	329
150 g	Roggenflocken	475	317
100 g	Rosinen	286	286
350 ml	entrahmte Milch	128	37
300 g	Eiklar (9 Stück)	148	49
200 g	Apfel	97	48
	Backpulver (1 Päckchen)	17	100
	Süßstoff nach Geschmack (z.B. Natreen)	0	0
	Butter-oder Vanillearoma (1/2 Fläschchen)	–	–
	Bittermandel-Aroma (1/2 Fläschchen)	–	–

Mehl, Roggenflocken und Backpulver vermengen. Rosinen untermischen, nach und nach die Milch zugeben. Alles gut durchmischen und mit dem flüssigen Süßstoff und den Backaromen zu einer geschmeidigen Masse verarbeiten. Die kleingeschnittenen Apfelstücke untermengen. Das Eiklar steif schlagen und vorsichtig unter die fertige Masse heben. Eine Kastenform mit Backpapier ausschlagen und die Teigmasse hineingeben. Die Oberfläche je nach Geschmack mit Mandelstiften, Walnußhälften oder Roggenflocken garnieren. Im vorgeheizten Backofen bei 170 Grad 50–60 Min. backen und in der Form auskühlen lassen.

Analyse	**Gesamt**	**100g**		**Gesamt**	**100g**
Energie (kcal)	2302,0	156,9	davon MUF (g)	5,0	0,3
Eiweiß (g)	91,3	6,2	Ballaststoffe (g)	77,5	5,3
Kohlenhydrate (g)	426,0	29,0	Natrium (mg)	2756,5	187,9
Fett (g)	5,0	0,7	Kalium (mg)	3843,5	264,0

Hirse-Kirschkuchen

		KALORIEN (KCAL) gesamt	100g
400 g	Hirseflocken (Reformhaus)	1392	373
125 g	Diabetikerzucker (z.B. Flarom)	300	240
525 ml	entrahmte Milch	189	36
50 g	Halbfett-Margarine	189	377
17 g	Backpulver (1 Päckchen)	17	100
25 g	Fruchtzucker	100	400
200 g	Eiklar (6 Stück)	99	49
40 g	Eigelb (1 Stück)	149	373
200 g	Sauerkirschen (Natreen)	72	36

Hirse mit Zucker und Milch zu einem lockeren Teig vermischen und etwas quellen lassen. In der Zwischenzeit Milch, Backpulver, Margarine und Eigelb in einer Schüssel zusammenrühren. Danach die Hirsemischung unterarbeiten. Anschließend die Kirschen zufügen. Eiklar mit 25g Zucker steifschlagen und vorsichtig mit einem Schneebesen darunterheben. Die Tortenmasse in eine leicht gefettete Springform füllen und im vorgeheizten Backofen bei 190 Grad 50 Min. backen.

Analyse	**Gesamt**	**100g**		**Gesamt**	**100g**
Energie (kcal)	2509,6	158,6	davon MUF (g)	11,1	0,7
Eiweiß (g)	94,9	6,0	Ballaststoffe (g)	23,5	1,5
Kohlenhydrate (g)	439,4	27,8	Natrium (mg)	2877,8	181,9
Fett (g)	38,2	2,4	Kalium (mg)	2758,5	174,4

Kakaokuchen

		KALORIEN (KCAL) gesamt	100g
250 g	Weizenvollkornmehl	835	334
250 g	Roggenvollkornmehl	751	300
400 g	Eiklar (12 Stück)	197	49
100 g	Fruchtzucker	400	400
3 g	Kakaopulver (1/2 TL)	11	363
200 g	Apfel	97	48

Mehl, Zucker und Kakaopulver in einer Schüssel gut mischen. Eiklar steif schlagen. Äpfel in kleine Stücke schneiden. Eiklarmasse und Obst unter die trockenen Zutaten heben. Bei 180 Grad im vorgeheizten Backofen 30–40 Min. backen (mit einem Holzstäbchen prüfen). Statt Äpfeln können auch Birnen, Pfirsiche oder Sauerkirschen verwendet werden.

Analyse	**Gesamt**	**100g**		**Gesamt**	**100g**
Energie (kcal)	2290,8	190,4	davon MUF (g)	5,6	0,5
Eiweiß (g)	95,1	7,9	Ballaststoffe (g)	67,3	5,6
Kohlenhydrate (g)	420,7	35,0	Natrium (mg)	736,9	61,3
Fett (g)	11,0	0,9	Kalium (mg)	2736,2	227,4

Karottenkuchen

		KALORIEN (KCAL) gesamt	100g
160 g	Eiklar (5 Stück)	79	49
250 g	Buchweizen	907	363
500 g	Karotten	140	28
300 g	Weizenmehl (Typ 1050)	1067	356
300 g	Magerquark	229	76
100 g	Rosinen	286	286
17 g	Backpulver (1 Päckchen)	17	100
	Süßstoff nach Geschmack (z.B. Natreen)	0	0

Die Karotten gründlich waschen und grob hobeln, Eiklar zu steifem Schnee schlagen, Fruchtzucker dazugeben und anschließend mit sämtlichen Zutaten unter den Eischnee heben. Die Masse in eine leicht gefettete oder mit Backpapier ausgekleidete Springform füllen und im vorgeheizten Backofen bei 180 Grad 90 Min. backen. Im Ofen auskühlen lassen und erst nach dem völligen Erkalten aus der Form lösen.

Analyse	**Gesamt**	**100g**		**Gesamt**	**100g**
Energie (kcal)	2725,7	167,5	davon MUF (g)	4,9	0,3
Eiweiß (g)	118,3	7,3	Ballaststoffe (g)	43,7	2,7
Kohlenhydrate (g)	474,4	30,7	Natrium (mg)	2747,5	168,9
Fett (g)	11,5	0,7	Kalium (mg)	3757,5	230,9

Käsekuchen

		Kalorien (kcal) gesamt	100g
150 g	Vollkornmehl	501	334
180 g	Vollei (3 Stück)	303	168
75 g	Backmargarine (Becel)	283	378
1000 g	Magerquark	763	76
10 g	Zitronensaft (1 EL)	4	36
50 g	Fruchtzucker	200	400
120 g	Eiklar (3 Stück)	59	49
120 g	Sauerkirschen (Natreen)	72	36
200 g	Vanille-Puddingpulver		
40 g	(1 Päckchen, Natreen)	140	349
	Süßstoff nach Geschmack		
	(z.B. Natreen)	0	0

Aus Vollkornmehl, einem Vollei und Backmargarine den Mürbeteig bereiten; kalt stellen. Die beiden restlichen Volleier trennen. Für die Füllung Quark, Eidotter, Puddingpulver und Süßstoff mit einem Rührgerät mixen. Eiklar steif schlagen und mit den Kirschen vorsichtig unter die Quarkmasse heben. In eine Springform füllen und im vorgeheizten Backofen bei 175 Grad 50–60 Min. backen.

Analyse	**Gesamt**	**100g**		**Gesamt**	**100g**
Energie (kcal)	2324,3	127,4	davon MUF (g)	16,4	0,9
Eiweiß (g)	184,0	10,1	Ballaststoffe (g)	13,6	0,7
Kohlenhydrate (g)	229,4	12,6	Natrium (mg)	1305,0	64,3
Fett (g)	56,2	3,1	Kalium (mg)	2376,0	108,0

Kastenkuchen

		Kalorien (kcal) gesamt	100g
150 g	Eiklar (5 Stück)	74	49
75 g	Fruchtzucker	300	400
75 g	Diabetikerzucker (z.B. Flarom)	180	240
200 g	Mehlmischung glutenfrei (Reformhaus)	683	356
8 g	Vanillezucker (1 Päckchen)	32	375
	Speisesalz (1 Prise)	0	0
	Lebkuchengewürz (1/2 TL, z.B. Ostmann)	–	–

Eiklar steif schlagen, dabei Zucker, Lebkuchengewürz, Salz und Vanillezucker unterrühren. Mehl sieben und vorsichtig unter die Eischneemischung heben. Teig in eine kleine Kastenform füllen und im vorgeheizten Backofen bei 180 Grad 30–40 Min. backen (Holzstäbchenprobe).

Analyse	**Gesamt**	**100g**		**Gesamt**	**100g**
Energie (kcal)	1267,2	249,4	davon MUF (g)	0,7	0,1
Eiweiß (g)	19,0	3,7	Ballaststoffe (g)	5,8	1,1
Kohlenhydrate (g)	294,5	58,0	Natrium (mg)	666,0	131,1
Fett (g)	1,5	0,3	Kalium (mg)	285,0	56,1

Maultaschen

		KALORIEN (KCAL)	
		gesamt	100g
42 g	Hefe (1 Würfel)	23	55
200 ml	entrahmte Milch	73	37
50g	Halbfett-Margarine	189	378
55 g	Vollei (1 Stück)	84	168
40 g	Diabetikerzucker (z.B. Flarom)	96	240
40 g	Fruchtzucker	160	400
	Vanillezucker (1/4 TL)	–	395
	Saft einer Zitrone	2	36
500 g	Weizenvollkornmehl	1670	334
400 g	Diätmarmelade (s. Rezept S. 67)	384	96

Hefe in lauwarmer Milch auflösen, mit den übrigen Zutaten zum Mehl geben und zu einem glatten, nicht mehr klebenden Teig verkneten. Den Teig zu einer Kugel formen und an einem warmen Ort 30–40 Min. gehen lassen. Den Hefeteig dann dünn ausrollen und 13 gleiche Rechtecke ausradeln. Je einen gehäuften Eßlöffel Marmelade in die Mitte geben. Die Rechtecke zuklappen und die Ränder fest zusammendrücken. Eventuell mit verquirltem Vollei bestreichen und in den kalten Backofen schieben. Backzeit: 25–30 Min. bei E 200 Grad (Gas Stufe 3).

Analyse	**Gesamt**	**100g**		**Gesamt**	**100g**
Energie (kcal)	2690,9	203,8	davon MUF (g)	15,6	1,1
Eiweiß (g)	89,8	6,4	Ballaststoffe (g)	54,2	3,8
Kohlenhydrate (g)	464,0	32,9	Natrium (mg)	567,0	40,3
Fett (g)	39,4	2,8	Kalium (mg)	3140,2	223,0

Napfkuchen

Rezept von Daniel Struller, Schwabach

		KALORIEN (KCAL) gesamt	100g
300 g	Mehlmischung glutenfrei (Reformhaus)	1025	119
150 g	Reisflocken (Reformhaus)	527	351
150 g	Hirseflocken (Reformhaus)	560	373
700 g	Eiklar (21 Stück)	345	49
700 g	Sauerkirschen (1 großes Glas, Natreen)	252	36
10 g	Backpulver (1/2 Päckchen)	10	100
	Süßstoff nach Geschmack (z.B. Natreen)	0	0
	Zimt nach Geschmack	–	267
	Lebkuchengewürz (1 Prise, z.B. Ostmann)	–	–

Mehl, Reisflocken, Hirseflocken, Backpulver und Eiklar in eine Schüssel geben und gut durchmischen. Das Glas Sauerkirschen mit dem Obstsaft unterheben. Danach mit Süßstoff, Zimt und Gewürzen abschmecken. In eine Napfkuchenform füllen und im vorgeheizten Backofen bei 200 Grad 50–60 Min. backen (Stäbchenprobe). Statt Sauerkirschen können auch Pflaumen oder Pfirsiche verwendet werden.

Analyse	Gesamt	100g		Gesamt	100g
Energie (kcal)	2718,5	135,3	davon MUF (g)	4,4	0,2
Eiweiß (g)	103,5	5,1	Ballaststoffe (g)	29,7	1,5
Kohlenhydrate (g)	531,4	26,4	Natrium (mg)	2478,0	123,3
Fett (g)	9,9	0,5	Kalium (mg)	3150,0	156,7

Quarkkuchen ohne Boden

		KALORIEN (KCAL) gesamt	100g
1000 g	Magerquark	763	76
50 ml	entrahmte Milch	18	37
120 g	Volleier (2 Stück)	202	168
200 g	Eiklar (6 Stück)	99	49
200 g	Sauerkirschen (Natreen)	72	36
40 g	Vanille-Puddingpulver (1 Päckchen, Natreen)	140	349
1 g	Zimt (1 TL)	3	267
30 g	Reisflocken	105	351
	Süßstoff nach Geschmack (z.B. Natreen)	0	0
	Zitronensaft nach Geschmack	–	36

Quark, Volleier, Puddingpulver, Zimt, Süßstoff und Zitronensaft mit einem Rührgerät bei mittlerer Stufe gut mischen. Anschließend die Sauerkirschen hinzufügen. Eiklar steif schlagen und mit dem Schneebesen vorsichtig unter die Quarkmasse heben. Im vorgeheizten Backofen bei 200 Grad 60 Min. goldbraun backen und im Ofen auskühlen lassen (Stäbchenprobe).

Analyse	**Gesamt**	**100g**		**Gesamt**	**100g**
Energie (kcal)	1401,4	85,2	davon MUF (g)	2,1	0,1
Eiweiß (g)	169,6	10,3	Ballaststoffe (g)	3,5	0,2
Kohlenhydrate (g)	114,3	6,9	Natrium (mg)	1552,0	94,3
Fett (g)	16,4	1,0	Kalium (mg)	1997,0	121,4

Quarktörtchen

		KALORIEN (KCAL) gesamt	100g
42 g	Hefe (1 Würfel)	23	55
200 ml	lauwarme entrahmte Milch	74	37
50 g	Halbfett-Margarine	189	378
55 g	Vollei (1 Stück)	84	168
90 g	Diabetikerzucker (z.B. Flarom)	216	240
90 g	Fruchtzucker	360	400
	Vanillezucker (1/4 TL)	–	395
	Saft einer Zitrone	–	36
500 g	Weizenvollkornmehl	1670	334
1000 g	Magerquark	760	76
80 g	Vanille-Puddingpulver (Natreen)	280	350
1 g	Zimt (1 TL)	3	267
300 g	Eiklar (10 Stück)	147	49
300 g	Mandarinen (1 Dose, Natreen)	252	84

Hefe in Milch auflösen, mit den übrigen Zutaten zum Mehl geben und zu einem glatten, nicht mehr klebenden Teig verkneten. Den Teig zu einer Kugel formen und an einem warmen Ort 35–40 Min. gehen lassen. Für den Belag Quark mit Puddingpulver, Zimt, Rumaroma und Zucker verrühren. Die gut abgetropften Mandarinen vorsichtig unterheben. Das Eiklar steif schlagen und ebenfalls vorsichtig unter die Quarkmischung heben. Den Hefeteig in 18 kleine Portionen zu je 50 g teilen und anschließend zu kleinen Kugeln formen. Erneut 10–15 Min. gehen lassen. Aus jeder Kugel ein kleines Törtchen formen. Die Törtchen mit Quark bis zum Rand füllen, in den kalten Backofen schieben und für 25–30 Min. bei 200 Grad backen (Gas Stufe 3). Gleich nach dem Backen mit verquirltem Vollei bestreichen. Werden die Törtchen in den nicht vorgeheizten Ofen geschoben, gehen sie wegen der langsam ansteigenden Temperatur noch mehr auf.

Analyse	Gesamt	100g		Gesamt	100g
Energie (kcal)	4058,7	233,3	davon MUF (g)	11,7	0,7
Eiweiß (g)	231,1	12,8	Ballaststoffe (g)	16,8	0,9
Kohlenhydrate (g)	680,1	37,8	Natrium (mg)	1605,0	89,2
Fett (g)	34,1	1,9	Kalium (mg)	2880,0	160,0

Reistorte

		Kalorien (kcal)	
		gesamt	100g
125 g	Weizenvollkornmehl	417	334
8 g	Backpulver (1 TL)	8	100
75 g	Halbfett-Margarine	283	378
70 g	Fruchtzucker	280	400
30 g	entrahmte Milch (2 EL)	11	37
125 g	Naturreis	445	356
125 ml	Wasser (1/8 l)	0	0
250 ml	trockener Weißwein (1/4 l)	163	65
45 g	Zitronensaft (3 EL)	16	37
200 g	Sauerkirschen (Natreen)	72	36
	Süßstoff nach Geschmack (z.B. Natreen)	0	0
250 g	Apfel	121	48

Für den Teig alle Zutaten mischen und kneten, kühl stellen. Den Reis mit Wasser aufkochen, abgießen; mit Wein, Zitronensaft und Süßstoff etwa 20 Min. ausquellen und abkühlen lassen. Den Teig dann ausrollen und eine am Boden leicht gefettete oder mit Backpapier ausgekleidete Springform (22 cm) damit auslegen. Sauerkirschen mit Reis mischen und hineinfüllen. Mit Apfelscheiben belegen. Bei 200 Grad für 40–50 Min. backen. Eventuell nach dem Backen mit Diätmarmelade bestreichen.

Analyse	Gesamt	100g		Gesamt	100g
Energie (kcal)	1816,7	127,1	davon MUF (g)	14,8	1,0
Eiweiß (g)	27,2	1,9	Ballaststoffe (g)	24,9	1,7
Kohlenhydrate (g)	285,0	19,9	Natrium (mg)	1421,0	99,5
Fett (g)	36,7	2,6	Kalium (mg)	1628,0	113,9

Rosinen-Muffins

		KALORIEN (KCAL)	
		gesamt	100g
90 g	Roggenflocken	285	317
80 g	Weizenmehl (Typ 1050)	285	355
50 g	Hirseflocken (Reformhaus)	187	373
8 g	Backpulver (3 TL)	8	100
	Nelkenpfeffer (1/2 TL)	–	–
	Zimt (1/2 TL)	–	267
100 g	Rosinen	286	286
30 g	Fruchtzucker	120	400
100 g	Eiklar (3 Stück)	49	49
120 g	Kondensmilch, 4% Fett (1 Dose)	137	114
	Orangenback (1 Päckchen)	–	–

Alle trockenen Zutaten vermengen und die Rosinen hinzufügen. Alle flüssigen Zutaten verrühren und dazugeben. Gut durchmischen. Muffinblech, Torteletttförmchen oder Backblech mit Backpapier auskleiden und die Förmchen zu dreiviertel mit der Mischung füllen. Im vorgeheizten Backofen bei 200 Grad 20–25 Min. goldbraun backen.

Analyse	**Gesamt**	**100g**		**Gesamt**	**100g**
Energie (kcal)	1357,2	234,8	davon MUF (g)	2,7	0,5
Eiweiß (g)	45,2	7,8	Ballaststoffe (g)	24,0	4,2
Kohlenhydrate (g)	252,9	43,7	Natrium (mg)	1284,9	222,3
Fett (g)	10,2	1,8	Kalium (mg)	2113,0	305,6

Haselnußlebkuchen

		Kalorien (kcal) gesamt	100g
250 g	Eiklar (8 Stück)	123	49
75 g	Diabetikerzucker (z.B. Flarom)	180	240
50 g	Fruchtzucker	200	400
200 g	gemahlene Haselnüsse	1363	682
50 g	Zitronat	144	287
50 g	Orangeat	152	304
75 g	Stärkemehl	265	353
75 g	Vollkornmehl	250	334
	Lebkuchengewürz (1 geh. TL, z.B. Ostmann)	–	–
	Zitronenaroma (1 TL)	–	–

Eiklar steif schlagen, dabei nach und nach den Zucker unterrühren. Haselnüsse, Lebkuchengewürz, Zitronat, Orangeat, Stärke und Mehl mischen und unter die Eimasse heben. Den Teig fingerdick auf die Oblaten (8 cm Durchmesser) streichen. Im Backofen bei 200 Grad 25–30 Min. backen. Ein Stück Haselnuß-Lebkuchen wiegt etwa 40g.

Analyse	**100g**	**40g**		**100g**	**40g**
Energie (kcal)	324,5	129,8	davon MUF (g)	1,7	0,7
Eiweiß (g)	7,6	3,0	Ballaststoffe (g)	2,6	1,1
Kohlenhydrate (g)	35,4	14,4	Natrium (mg)	57,7	23,0
Fett (g)	15,3	6,1	Kalium (mg)	233,1	93,2

Kokosmakronen

		KALORIEN (KCAL) gesamt	100g
150 g	Eiklar (5 Stück)	74	49
1 g	Speisesalz (1 Prise)	0	0
50 g	Fruchtzucker	200	400
100 g	Diabetikerzucker (z.B. Flarom)	240	240
8 g	Vanillezucker (1 Päckchen)	32	250
65 g	Magerquark	50	76
	Bittermandelaroma (4 Tropfen)	–	–
200 g	Kokosraspel	739	369
50 g	Zartbitter-Kuvertüre	270	568

Eiweiß mit Salz, Zucker und Vanillezucker steif schlagen. Quark, Bittermandelaroma und Kokosraspel unterheben. Kleine Häufchen auf das mit Backpapier ausgelegte Backblech setzen und 15 Min. bei 180 Grad backen. Kuvertüre im Wasserbad auflösen. Die Makronen halbseitig in die Kuvertüre tauchen und trocknen. Eine Kokosmakrone wiegt etwa 25g.

Analyse	**100g**	**25g**		**100g**	**25g**
Energie (kcal)	258,6	64,6	davon MUF (g)	0,3	0,1
Eiweiß (g)	5,4	1,3	Ballaststoffe (g)	3,4	0,8
Kohlenhydrate (g)	25,2	6,3	Natrium (mg)	136,0	34,0
Fett (g)	14,2	3,5	Kalium (mg)	196,4	49,1

Müsli-Haselnuß Häufchen

		KALORIEN (KCAL)	
		gesamt	100g
75 g	Eiklar (2–3 Stück)	37	49
50 g	Diabetikerzucker (z.B. Flarom)	120	240
50 g	Fruchtzucker	200	400
8 g	Vanillezucker (1 Päckchen)	32	250
	San-Apart (1 EL, z.B. Küchle)	–	–
100 g	10-Frucht Vollkornmüsli (Schneekoppe)	337	337
25 g	Rum 38% (4 EL)	58	232
100 g	gemahlene Haselnüsse	682	682
20 g	Vollkornmehl	67	335
20 g	Kuvertüre	113	565

Müsli in Rum einweichen. Eiklar, Zucker, Vanillezucker und San-Apart zu einem cremigen Eischnee schlagen. Müsli und Haselnüsse mit Mehl mischen, vorsichtig unter die Eimasse heben. Mit einem Teelöffel kleine Häufchen auf Oblaten (5 cm Durchmesser) setzen. Im Backofen bei 180 Grad 20 Min. backen. Anschließend mit einem kleinen Tupfen Kuvertüre und einem kleinen Stück getrockneter Ananas verzieren. Ein Müsli-Haselnuß Häufchen wiegt etwa 20g.

Analyse	**100g**	**20g**		**100g**	**20g**
Energie (kcal)	367,4	73,5	davon MUF (g)	1,6	0,3
Eiweiß (g)	7,8	1,6	Ballaststoffe (g)	3,7	0,7
Kohlenhydrate (g)	42,2	8,4	Natrium (mg)	39,9	8,0
Fett (g)	16,1	3,2	Kalium (mg)	288,5	57,7

Rumkugeln

		KALORIEN (KCAL) gesamt	100g
100 g	gemahlene Mandeln	617	617
100 g	Biskin (5 EL)	925	925
100 g	Traubenzucker (5 EL)	391	391
100 g	Diätkakaopulver (Flarom) (5 EL)	404	404
20 g	Kondensmilch, 4% Fett (1 EL)	37	183
20 g	Rum 38% (2 EL)	47	232
20 g	Diät-Kakaopulver (Flarom)	81	404
20 g	Kokosraspel	74	369

Biskin bei niedriger Temperatur im Topf schmelzen, Traubenzucker darin auflösen und Kakaopulver dazurühren. Gemahlene Mandeln, Kondensmilch und Rum unterkneten. Masse kühl stellen. Kugeln formen und in Kakaopulver oder Kokosraspeln wälzen. Eine Rumkugel wiegt etwa 20g.

Analyse	**100g**	**20g**		**100g**	**20g**
Energie (kcal)	536,3	107,3	davon MUF (g)	2,4	0,5
Eiweiß (g)	7,7	1,5	Ballaststoffe (g)	3,3	0,7
Kohlenhydrate (g)	37,4	7,5	Natrium (mg)	8,1	1,6
Fett (g)	37,1	7,4	Kalium (mg)	212,2	42,4

»ICH FOLGE MEINEM DIÄTPLAN
BIS AUFS I-TÜPFELCHEN.«

SUE PRICE

Diätplan 2500 kcal pro Tag

Lebensmittel	Menge (g)	Kalorien	Prot. (g)	Fett (g)	Kohl. (g)
1. Mahlzeit					
Quark-Pfannkuchen mit Rosinen	500	580,5	57,5	3,0	70,5
2. Mahlzeit					
Beeren Protein-Flip (ganze Portion)	500	309,9	44,1	2,3	22,8
3. Mahlzeit					
Thunfisch-Muffins	200	218,0	22,0	2,4	24,0
4. Mahlzeit					
Quarkkuchen ohne Boden	250	213,0	25,8	2,5	17,4
5. Mahlzeit					
weißer Reis	100	367,0	7,0	0,7	78,0
Ananas, frisch	150	84,3	0,8	0,3	18,0
6. Mahlzeit					
Putenfleisch mit Curry-Champignon-Sauce (ganze Portion)	400	408,9	50,5	14,1	2,0
weißer Reis	100	367,0	7,0	0,7	78,0
Nährwerte gesamt		2548,6	214,7	26,0	310,7

Diätplan 2000 kcal pro Tag

Lebensmittel	Menge (g)	Kalorien	Prot. (g)	Fett (g)	Kohl. (g)
1. Mahlzeit					
Reisauflauf mit Früchten (ganze Portion)	475	611,4	31,1	2,6	105,1
2. Mahlzeit					
Thunfisch-Muffins	100	109,0	11,0	1,2	12,0
3. Mahlzeit					
Quarkkuchen ohne Boden	200	170,4	20,6	2,0	13,8
4. Mahlzeit					
weißer Reis	100	367,0	7,0	0,7	78,0
Ananas, frisch	150	84,3	0,8	0,3	18,0
5. Mahlzeit					
Pute süßsauer (halbe Portion)	550	726,1	70,4	4,7	83,9
Nährwerte gesamt		2068,2	140,9	11,5	310,8

Diätplan 1500 kcal pro Tag

Lebensmittel	Menge (g)	Kalorien	Prot. (g)	Fett (g)	Kohl. (g)
1. Mahlzeit					
Frühstückskuchen	100	289,4	5,8	0,8	62,0
2. Mahlzeit					
zwei Äpfel	200	96,7	0,5	0,8	20,0
3. Mahlzeit					
Quark-Pfannkuchen mit Rosinen (halbe Portion)	400	464,4	46,0	2,4	56,4
4. Mahlzeit					
Hirse-Kirschkuchen	150	237,9	9,0	3,6	41,7
5. Mahlzeit					
Joghurt-Protein-Drink (halbe Portion)	300	201,6	27,0	3,0	13,5
6. Mahlzeit					
Puten-Lasagne (viertel Portion)	200	213,2	21,0	4,0	20,2
Nährwerte gesamt		1503,4	109,3	14,6	213,8

Diätplan 1200 kcal pro Tag

Lebensmittel	Menge (g)	Kalorien	Prot. (g)	Fett (g)	Kohl. (g)
1. Mahlzeit					
Reistorte	150	190,7	2,9	3,9	29,6
2. Mahlzeit					
Eiweißreis mit Buttermilch	200	172,2	13,8	0,8	24,2
3. Mahlzeit					
Thunfisch-Muffins	100	109,0	11,0	1,2	12,0
4. Mahlzeit					
Putenfleisch mit Banane	200	184,6	24,2	2,2	12,8
5. Mahlzeit					
Himbeer-Mousse	200	117,3	17,0	0,5	8,0
6. Mahlzeit					
Froschis Spezial Misch-Masch (circa halbe Portion)	350	409,5	43,4	3,2	45,2
Nährwerte gesamt		1183,3	112,3	11,8	131,8

novagenics.com

Fordern Sie unseren Gratis-Katalog an.

Novagenics (gegründet 1988) verlegt und vertreibt Bücher über Training, Diät und Leistungsernährung, sowie ausgewählte Trainingsausrüstung und Sporternährung zu Discount-Preisen. Fordern Sie mit dieser Postkarte (das Porto übernimmt Novagenics) unseren aktuellen Gratis-Katalog an.

☐ **Ja, senden Sie mir umgehend den aktuellen Novagenics-Katalog.**

Gratis-Katalog per Telefon: +49 (0) 2932-28982, Fax 26362

Ihre Meinung ist sehr wichtig! Bitte helfen Sie uns, den Kundenservice weiter zu verbessern:

Kreuzen Sie einfach an, welche Noten auf der Skala von 1 (sehr gut) bis 6 (ungenügend) wir Ihrer Meinung nach verdient haben. Danke.

Welches Novagenics-Buch haben Sie gelesen?

Buch A ....

Buch B ....

Buch C ....

Wie hat es Ihnen gefallen?	**Wie war die sprachliche Qualität?**	**War es sein Geld wert?**
Buch A 1 2 3 4 5 6	Buch A 1 2 3 4 5 6	Buch A 1 2 3 4 5 6
Buch B 1 2 3 4 5 6	Buch B 1 2 3 4 5 6	Buch B 1 2 3 4 5 6
Buch C 1 2 3 4 5 6	Buch C 1 2 3 4 5 6	Buch C 1 2 3 4 5 6

Wie bewerten Sie die anderen Leistungen von Novagenics?

Ehrlichkeit (Stimmen unsere Aussagen in Anzeigen und Katalog?) 1 2 3 4 5 6	Erfüllt unsere Kundenbetreuung Ihre Erwartungen? (z.B. Freundlichkeit am Telefon) 1 2 3 4 5 6	Reaktionszeit (wurde Ihre Bestellung schnell zugesandt?) 1 2 3 4 5 6
Kulanz / Garantie (haben wir Ihre Beschwerden / Reklamationen richtig behandelt? Oder glauben Sie, daß wir Sie im Falle einer Reklamation voll zufriedenstellen würden?) 1 2 3 4 5 6	Waren die Versandkosten tragbar für Sie? 1 2 3 4 5 6	Wie bewerten Sie Novagenics im Vergleich zu anderen Sportverlagen? 1 2 3 4 5 6

Was können wir verbessern? ....

....

Was machen andere besser? ....

....

novagenics.com

Wenn Sie mehr über Novagenics und unsere Bücher zu den Themen Diät & Leistungsernährung, Nahrungsergänzungen & Supplements, Training für Bodybuilding & Fitness, sowie unser Angebot an Trainingsausrüstung und unseren Sporternährungs-Discount erfahren möchten, bestellen Sie unseren aktuellen Gratis-Katalog mit dieser Postkarte, oder rufen Sie einfach an unter +49 (0) 2932 - 28982. Sie können den Katalog auch per Fax ordern +49 (0) 2932 - 26362, per Brief (Novagenics • Postfach 1163 • 59701 Arnsberg, Deutschland), oder per E-Mail (info@novagenics.com).

Wir würden uns freuen, wenn Sie die kurzen Fragen auf dieser Postkarte ebenfalls beantworten würden. Ihre Meinung interessiert uns sehr; wir sind stets bemüht, unseren Service nach Ihren Wünschen zu gestalten. Dafür brauchen wir aber ein „Feedback" von unseren Kunden. Vielen Dank für Ihr Verständnis.

Hier bitte Ihre Adresse eintragen

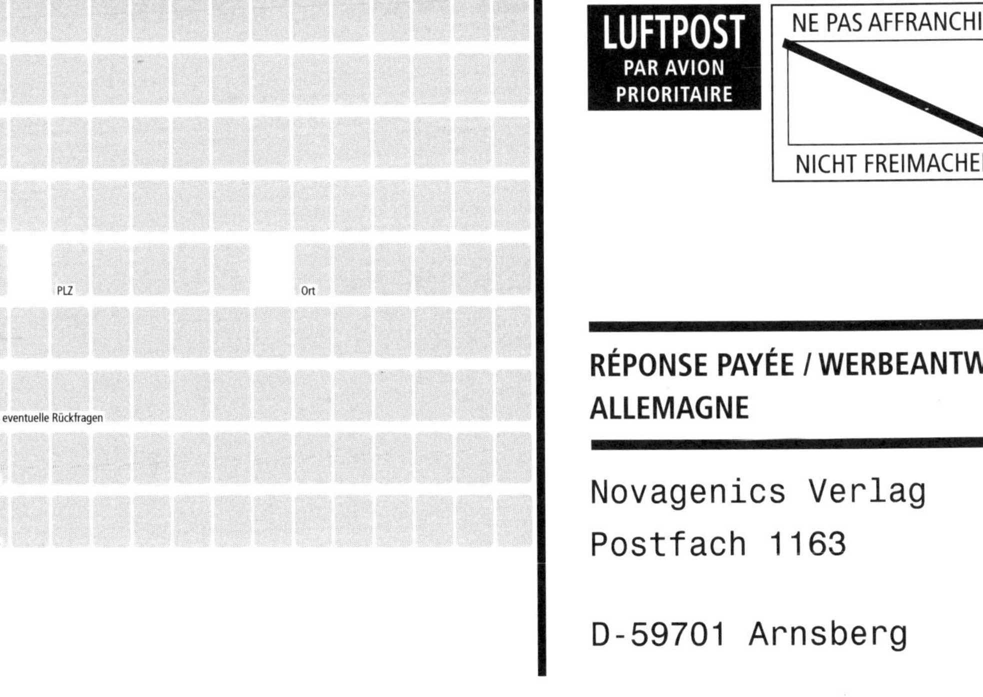

LUFTPOST
PAR AVION
PRIORITAIRE

NE PAS AFFRANCHIR
NICHT FREIMACHEN

RÉPONSE PAYÉE / WERBEANTWORT
ALLEMAGNE

Novagenics Verlag
Postfach 1163

D-59701 Arnsberg